Die ergänzende Vertragsauslegung im
Spiegel der Rechtsprechung

Europäische Hochschulschriften

European University Studies

Publications Universitaires Européennes

Reihe II	**Rechtswissenschaft**
Series II	Law
Série II	Droit

Band/Volume **5870**

Melike Isil Bayindir

Die ergänzende Vertragsauslegung im Spiegel der Rechtsprechung
Der Versuch einer Dogmatik

Bibliografische Information der Deutschen Nationalbibliothek
Die Deutsche Nationalbibliothek verzeichnet diese Publikation in der Deutschen
Nationalbibliografie; detaillierte bibliografische Daten sind im Internet über
http://dnb.d-nb.de abrufbar.

ISSN 0531-7312
ISBN 978-3-631-67918-0 (Print)
E-ISBN 978-3-653-07121-4 (E-Book)
DOI 10.3726/978-3-653-07121-4

© Peter Lang GmbH
Internationaler Verlag der Wissenschaften
Frankfurt am Main 2016
Alle Rechte vorbehalten.
PL Academic Research ist ein Imprint der Peter Lang GmbH.
Peter Lang – Frankfurt am Main · Bern · Bruxelles · New York · Oxford · Warszawa · Wien

Das Werk einschließlich aller seiner Teile ist urheberrechtlich geschützt.
Jede Verwertung außerhalb der engen Grenzen des Urheberrechtsgesetzes ist
ohne Zustimmung des Verlages unzulässig und strafbar.
Das gilt insbesondere für Vervielfältigungen, Übersetzungen, Mikroverfilmungen
und die Einspeicherung und Verarbeitung in elektronischen Systemen.

Diese Publikation wurde begutachtet.

www.peterlang.com

Vorwort

Die ergänze Vertragsauslegung scheint jedem Juristen vertraut. Sie wird auch in der Rechtsprechung häufig verwendet, ist also praktisch bedeutsam. Schließlich ist sie auch ein Herzstück der Vertragsrechtsmethodik. Doch kaum ein Jurist kennt sie wirklich. Die ergänzende Vertragsauslegung ist trotz der üblichen Berufung auf die §§ (133), 157, 242 BGB in keiner Weise geregelt. Sie existiert auch in mehreren Spielarten, wirft schwierige Abgrenzungsfragen auf und ist auch in ihrer dogmatischen Grundstruktur keinesfalls geklärt.

Die Beschäftigung mit diesem Thema ist daher nicht nur interessant, sondern auch herausfordernd. Die Verfasserin hat sich dem Thema vor allem durch eine intensive Rechtsprechungsanalyse genähert. Idee ist also die dogmatische Strukturierung aus der praktischen Bewältigung von Konstellationen abzuleiten. Zugleich nutzt die Verfasserin aber auch die Erkenntnisquellen der Rechtsgeschichte und der Rechtsvergleichung.

Die Verfasserin entwickelt eine ganze Reihe von Ideen zur dogmatischen Erfassung und Strukturierung. Insbesondere die Stufen analogieähnliche ergänzende Vertragsauslegung, individuelle extra legem ähnliche ergänzende Vertragsauslegung und eine Rechtsfortbildung des Gesetzes ersetzende ergänzende Vertragsauslegung sind es Wert weiter untersucht zu werden.

Die Arbeit stellt bezüglich einiger Fragen einen Fortschritt gegenüber dem bisherigen status quo dar.

Siegen, den 11.05.2016   Prof. Dr. iur. Peter Krebs

Inhaltsverzeichnis

Abkürzungsverzeichnis XI

Literaturverzeichnis XV

Internetquellen XXVII

Rechtsprechungsverzeichnis XXIX

1. Teil: Einführung in die Thematik
   und Zielsetzung der Arbeit 1

2. Teil: Die ergänzende (Vertrags-)Auslegung
   im historischen Kontext 5

3. Teil: Die ergänzende Vertragsauslegung
   gemäß § 157 BGB 7
   A. Grundlagen 7
      I. Normzweck 7
      II. Das Verhältnis der Auslegungsgrundsätze
          in § 133 und § 157 BGB 8
      III. Anwendungsbereich 10
   B. Die dogmatische Einordnung zum gegenwärtigen Zeitpunkt 11
   C. Voraussetzungen 15
      I. Wirksamer Vertrag 15
      II. Regelungslücke 15

		1.	Begriff und Ausfüllungsbedürftigkeit 15

  1. Begriff und Ausfüllungsbedürftigkeit 15
  2. Vorrangregeln 17
  3. Die Lücke als Scheinproblem? 18
  4. Mögliche Arten von Lücken 18
     a. Anfängliche und nachträgliche Lücken 18
     aa. Maßgeblicher Zeitpunkt für die Lückenfüllung 19
     bb. Entscheidungsfindung 21
     b. Bewusste und unbewusste Lücken 22
     c. Lücke wegen Wegfall von Vereinbarungen 24
     d. Begrenzende Funktion des
        Tatbestandsmerkmals der Lücke 24
  III. Zwischenergebnis 25

4. Teil: Die ergänzende Vertragsauslegung in der praktischen Umsetzung – Analyse der Rechtsprechung und Literaturmeinungen 27

A. Dispositives Recht 27
  I. Funktion 27
  II. Vorrangstellung des dispositiven Rechts? 28
     1. Historischer Abriss 28
     2. Typizität des Rechtsgeschäfts 29
        a. Gesetzestypische Verträge 29
        b. Gemischte und atypische Verträge 32
        c. Atypische und gesetzlich nicht geregelte Verträge 32
        aa. Der Sachverhalt zu BGHZ 74, 370 33
        bb. Urteil und Entscheidungsgründe 33
        cc. Stellungnahme 36
        d. Höchst subsidiäre Normen 37
     3. Gesellschaftsrechtliche Besonderheiten 37

		a.	Gesellschaftsrechtliche Abfindungsklauseln 38
		b.	Gesellschaftsrechtliche Ausschließungsklauseln 41
		aa.	Der Sachverhalt zu BGHZ 107, 351 41
		bb.	Urteilsspruch und Analyse 42
		cc.	Diskussion 45
		c.	Veraltetes Gesetzesrecht 47
		d.	Modernisiertes Gesetzesrecht 49
		e.	Zwischenergebnis 49
	4.	Parteiwille 50
	5.	Weiterentwickelte Formel der Typizität des Rechtsgeschäfts 50
B.	Hypothetischer Parteiwille 50
C.	Die Ausprägungen der ergänzenden Vertragsauslegung 53
	I.	Das Mehr-Ebenen-Modell der ergänzenden Vertragsauslegung 54
		1.	Ergänzung konkreter Vertragslücken 54
			a. Analogieähnliche ergänzende Vertragsauslegung 54
			b. Rechtsfortbildung extra legem 54
		2.	Rechtsfortbildung auf Gesetzesebene 55
		3.	Herstellung von Vertragsgerechtigkeit 55
		4.	Illustrierte Version des Modells 56
	II.	Prüfung des erarbeiteten Modells 56
		1.	Gesellschaftsrechtliche Entscheidungen in der Prüfung 57
			a. Gesellschaftsrechtliches Konkurrenzverbot 57
			b. Fortführung der Gesellschaft im Todesfall 58
			c. Vertraglich vereinbarte Ausschließungsklausel 58
			d. Abfindungsklauseln 59
		2.	Die Thematik der Gewährleistungsbürgschaft 60
		3.	Unwirksame Preisanpassungsklauseln in langjährigen Energielieferungsverträgen 62

		4.	Das Vertragsergänzungskonzept 64
		a.	Die praktische Bedeutung des Konzepts 64
		b.	Diskussion und Kritik 65
		5.	Der Vertrag mit Schutzwirkung zugunsten Dritter 66
	III.		Zwischenergebnis zum Mehr-Ebenen-Modell 69
D.	Ergänzende Vertragsauslegung als Gesetzeslückenausfüllung 70
E.	Dogmatische Einordnung 71
F.	Ergebnis zum 4. Teil 73

5. Teil: Schlussteil 77

Abkürzungsverzeichnis

a.A.	andere Ansicht
a.E.	am Ende
a.F.	alte Fassung
AcP	Archiv für die civilistische Praxis
AGBG	Gesetz zur Regelung des Rechts der Allgemeinen Geschäftsbedingungen
AT	Allgemeiner Teil des Bürgerlichen Rechts
Aufl.	Auflage
BAG	Bundesarbeitsgericht
BayObLG	Bayerisches Oberstes Landesgericht
BayObLGZ	Entscheidungen des Bayerischen Obersten Landesgerichts in Zivilsachen
BB	Betriebs-Berater
BBauG	Bundesbaugesetz
BeckOK BGB	Beck'scher Online-Kommentar zum BGB
BeckRS	Beck Rechtsprechung
Beschl.	Beschluss/Beschlüsse
Bd.	Band
BFH	Bundesfinanzhof
BGB	Bürgerliches Gesetzbuch
BGH	Bundesgerichtshof
BGHZ	Entscheidungen des Bundesgerichtshofes in Zivilsachen
BT-Drucks.	Bundestagsdrucksache
CC	Code civil (Frankreich)
ders.	derselbe
d.h.	das heißt
dies.	dieselbe
Diss.	Dissertation
DJT	Deutscher Juristentag
DStR	Deutsches Steuerrecht
E/B/J/S	Ebenroth/ Boujong/ Joost/ Strohn
FS	Festschrift

GesR	Gesellschaftsrecht
Habil.	Habilitation
Halbbd.	Halbband
HGB	Handelsgesetzbuch
HKK	Historisch-kritischer Kommentar zum BGB
h.L.	herrschende Lehre
h.M.	herrschende Meinung
Hrsg.	Herausgeber
IPR	Internationales Privatrecht
i.S.	im Sinne
JBl	Juristische Blätter
JurA	Juristische Analysen
JuS	Juristische Schulung
JW	Juristische Wochenschrift
JZ	Juristenzeitung
KritV	Kritische Vierteljahresschrift für Gesetzgebung und Rechtswissenschaft
LMK	Kommentierte BGH-Rechtsprechung Lindenmaier-Möhring
MüKo	Münchener Kommentar
n.F.	neue Fassung
NJW	Neue Juristische Wochenschrift
NJW-RR	Neue Juristische Wochenschrift-Rechtsprechungs-Report Zivilrecht
NK-BGB	Nomos Kommentar BGB
NZG	Neue Zeitschrift für Gesellschaftsrecht
OLG	Oberlandesgericht
P/W/W	Prütting/ Wegen/ Weinreich
RabelsZ	Rabels Zeitschrift für ausländisches und internationales Privatrecht
RG	Reichsgericht
RGZ	Entscheidungen des Reichsgerichts in Zivilsachen
Rn.	Randnummer
st. Rspr.	ständige Rechtsprechung
u.a.	unter anderem
Urt.	Urteil

v.	von
Versäumnisurt.	Versäumnisurteil
VersR	Versicherungsrecht
Vgl.	Vergleich
WM	Wertpapier-Mitteilungen – Zeitschrift für Wirtschafts- und Bankrecht
z.B.	zum Beispiel
ZBernJV	Zeitschrift des Bernischen Juristenvereins
ZGR	Zeitschrift für Unternehmens- und Gesellschaftsrecht
ZHR	Zeitschrift für das gesamte Handels- und Wirtschaftsrecht
ZZP	Zeitschrift für deutschen Zivilprozess

Literaturverzeichnis

Auer, Marietta: Materialisierung, Flexibilisierung, Richterfreiheit Diss., Tübingen 2005 (zit.: *Auer*, 2005, S.)

Baier, Klaus-Georg: Die Störung der Geschäftsgrundlage im Recht der Personengesellschaften in: Neue Zeitschrift für Gesellschaftsrecht 2004, S. 356–360 (zit.: *Baier*, NZG 2004, S.)

Baumbach, Adolf/ Hopt, Klaus J.: Handelsgesetzbuch mit GmbH & Co., Handelsklauseln, Bank- und Börsenrecht, Transportrecht (ohne Seerecht) 36. Auflage, München 2014 (zit.: *Bearbeiter* in: Baumbach/Hopt, § Rn.)

Bayer, Walter: Vertraglicher Drittschutz in: Juristische Schulung 1996, S. 473–478 (zit.: *Bayer*, JuS 1996, S.)

Bechthold, Rainer: Ende der Tagespreisklausel-Diskussion? in: Betriebs-Berater 1983, S. 1636–1639 (zit.: *Bechthold*, BB 1983, S.)

Beck'scher Online-Kommentar BGB Bamberger, Heinz Georg/ Roth, Herbert (Hrsg.): 34. Edition, München 2015 (zit.: *Bearbeiter* in: BeckOK BGB, § Rn.)

Behr, Volker: Der Ausschluß aus der Personengesellschaft im Spannungsfeld zwischen Vertrag und Status in: Zeitschrift für Unternehmens- und Gesellschaftsrecht 1985, S. 475–505 (zit.: *Behr*, ZGR 1985, S.)

Bell, Martin: Anwaltshaftung gegenüber Dritten Diss., Bonn 1996 (zit.: *Bell*, 1996, S.)

Biehl, Björn: Grundsätze der Vertragsauslegung in: Juristische Schulung 2010, S. 195–200 (zit.: *Biehl*, JuS 2010, S.)

Bierling, Ernst Rudolf: Juristische Prinzipienlehre 4. Band, Tübingen 1911 (zit.: *Bierling*, 1911, S.)

Bolze, Albert: Ueber die Zulässigkeit der eigenen Auslegung von Rechtsgeschäften durch den Revisionsrichter im Civilprozess in: Zeitschrift für deutschen Zivilprozess 15 (1890), S. 415–450 (zit.: *Bolze*, ZZP 15 (1890), S.)

Bork, Reinhard: Allgemeiner Teil des Bürgerlichen Gesetzbuchs 3. Auflage, Tübingen 2011 (zit.: *Bork*, 2011, Rn.)

Brox, Hans: Die Einschränkung der Irrtumsanfechtung – Ein Beitrag zur Lehre von der Willenserklärung und deren Auslegung Habil., Karlsruhe 1960 (zit.: *Brox*, 1960, S.)

Büttner, Hermann: Flexible Grenzen der Durchsetzbarkeit von Abfindungsbeschränkungen in Personengesellschaftsverträgen in: Bruchhausen, Karl/ Hefermehl, Wolfgang/ Hommelhoff, Peter/ Messer, Herbert (Hrsg.): Festschrift für Rudolf Nirk zum 70. Geburtstag am 11.Oktober 1992 München 1992 (zit.: *Büttner*, FS Nirk 1992, S.)

Bydlinski, Franz: Vertragliche Sorgfaltspflichten zugunsten Dritter in: Juristische Blätter 1960, S. 359–367 (zit.: *Bydlinski*, JBl 1960, S.)

– Juristische Methodenlehre und Rechtsbegriff 2. Auflage, Wien, New York 1991 (zit.: *Bydlinski*, 1991, S.)

Canaris, Claus-Wilhelm: Die Feststellung von Lücken im Gesetz – Eine methodologische Studie über Voraussetzungen und Grenzen der richterlichen Rechtsfortbildung praeter legem 2. Auflage, Berlin 1983 (zit.: *Canaris*, 1983, S.)

Canaris, Claus-Wilhelm/ Grigoleit, Hans Christoph: Interpretation of Contracts in: Towards a European civil code, S. 445–469 3. Auflage, Nijmegen 2004 (zit.: *Canaris/Grigoleit*, Towards a European civil code, 2004, S.)

Claproth, Justus: Rechtswissenschaft von richtiger und vorsichtiger Eingehung der Verträge und Contracte (Iurisprudentia heurematica) Erster Theil, welcher den allgemeinen alle Contracte und Verträge betreffenden Abschnitt, und die beträchtlichsten Verträge enthält 3. Auflage, Göttingen 1786 (zit.: *Claproth*, Verträge und Contracte I, 1786, § S.)

Cziupka, Johannes: Die ergänzende Vertragsauslegung in: Juristische Schulung 2009, S. 103–106 (zit.: *Cziupka*, JuS 2009, S.)

Danz, Erich: Die Auslegung der Rechtsgeschäfte Zugleich ein Beitrag zur Rechts- und Thatfrage Jena 1897 (zit.: *Danz*, Auslegung, 1897, S.)

Ebenroth/ Boujong/ Joost/ Strohn: Handelsgesetzbuch, Band 1, §§ 1–342e 3. Auflage, München 2014 (zit.: *Bearbeiter* in: E/B/J/S, § Rn.)

Ebke, Werner F.: Abschlußprüfer, Bestätigungsvermerk und Drittschutz in: Juristenzeitung 1998, S. 991–997 (zit.: *Ebke*, JZ 1998, S.)

Ehricke, Ulrich: Zur Bedeutung der Privatautonomie bei der ergänzenden Vertragsauslegung in: Rabels Zeitschrift für ausländisches und internationales Privatrecht 60 (1996), S. 661–690 (zit.: *Ehricke*, RabelsZ 60 (1996), S.)

Enneccerus-Nipperdey: Allgemeiner Teil des Bürgerlichen Rechts, Erster Halbband: Allgemeine Lehren, Personen, Rechtsobjekte 15. Auflage, Tübingen 1959 (zit.: *Enneccerus-Nipperdey*, 1. Halbbd., 1959, § Abschnitt)

– Allgemeiner Teil des Bürgerlichen Rechts, Zweiter Halbband 15. Auflage, Tübingen 1960 (zit.: *Enneccerus-Nipperdey*, 2. Halbbd., 1960, § Abschnitt)

Erman: Bürgerliches Gesetzbuch, Handkommentar Band 1 3. Auflage, Münster/Westf. 1962 (zit.: *Bearbeiter* in: Erman (3. Auflage 1962), § Rn.)

Erman: Bürgerliches Gesetzbuch, Handkommentar mit AGG, EGBGB (Auszug), ErbbauRG, HausratsVO, LPartG, ProdHaftG, UKlaG, VAHRG und WEG 14. Auflage, Köln 2014 (zit.: *Bearbeiter* in: Erman, § Rn.)

Esser, Josef/ Schmidt, Eike: Schuldrecht, Band I Allgemeiner Teil, Teilband 1: Entstehung, Inhalt und Beendigung von Schuldverhältnissen 8. Auflage, Heidelberg 1995 (zit.: *Esser/Schmidt*, SchuldR AT I/1, 1995, § Abschnitt Unterabschnitt)

Esser, Josef/ Schmidt, Eike: Schuldrecht, Band I Allgemeiner Teil, Teilband 2: Durchführungshindernisse und Vertragshaftung, Schadensausgleich und Mehrseitigkeit beim Schuldverhältnis 8. Auflage, Heidelberg 2000 (zit.: *Esser/Schmidt*, SchuldR AT I/2, 2000, § Abschnitt Unterabschnitt)

Flume, Werner: Rechtsgeschäft und Privatautonomie in: Caemmerer, Ernst von/ Friesenhahn, Ernst/ Lange, Richard (Hrsg.): Festschrift zum 100-jährigen Bestehen des Deutschen Juristentages 1860–1960, Bd. I Karlsruhe 1960, S. 135–238 (zit.: *Flume*, FS 100 Jahre DJT 1960, Bd. I, S.)

– Allgemeiner Teil des Bürgerlichen Rechts Band 1, Erster Teil: Die Personengesellschaft Berlin, Heidelberg, New York 1977 (zit.: *Flume*, AT Bd. I/1, 1977, § Abschnitt S.)

– Allgemeiner Teil des Bürgerlichen Rechts Band 2: Das Rechtsgeschäft 4. Auflage, Berlin, Heidelberg, New York 1992 (zit.: *Flume*, AT Bd. II, 1992, § Unterabschnitt S.)

Gerner, Andreas: Anmerkung zum Urteil des BGH vom 26.03.2015, VII ZR 92/14 in: Kommentierte BGH-Rechtsprechung Lindenmaier-Möhring 2015, S. 369630 (zit.: *Gerner*, LMK 2015, S.)

Gernhuber, Joachim: Drittwirkung im Schuldverhältnis kraft Leistungsnähe in: Festschrift für Arthur Nikisch 1958, S. 249–274 (Die Herausgeber der Festschrift werden nicht genannt.) Tübingen, 1958 (zit.: *Gernhuber*, FS Nikisch 1958, S.)

Grunewald, Barbara: Der Ausschluß aus Gesellschaft und Verein Habil., Köln Berlin Bonn München 1987 (zit.: *Grunewald*, 1987, S.)

–: Anmerkung zum Urteil des BGH vom 05.06.1989, II ZR 227/88 (JZ 1989, 956–958) in: Juristenzeitung 1989, S. 958–959 (zit.: *Grunewald*, JZ 1989, S.)

Handkommentar: Bürgerliches Gesetzbuch 8. Auflage, Baden-Baden 2014 (zit.: *Bearbeiter* in: Hk-BGB, § Rn.)

Hart, Dieter: Soziale Steuerung durch Vertragsabschlußkontrolle – Alternativen zum Vertragsschluss? in: Kritische Vierteljahresschrift für Gesetzgebung und Rechtswissenschaft 1986, S. 211–241 (zit.: *Hart*, KritV 1986, S.)

–: Zivilrechtspraxis zwischen Vertragskonsolidierung und Vertragsrechtsfortbildung – Am Beispiel der ergänzenden Vertragsauslegung und der Geschäftsgrundlage in: Kritische Vierteljahresschrift für Gesetzgebung und Rechtswissenschaft 1989, S. 179–200 (zit.: *Hart*, KritV 1989, S.)

Heck, Philipp: Grundriß des Schuldrechts Nachdruck der Auflage von 1929, Tübingen 1958 (zit.: *Heck*, Grundriß des Schuldrechts, 1929/1958, § Abschnitt S.)

Henckel, Wolfram: Die ergänzende Vertragsauslegung in: AcP 159 (1960), S. 106–126 (zit.: *Henckel*, AcP 159 (1960/61), S.)

Henssler, Martin: Risiko als Vertragsgegenstand Tübingen 1994 (zit.: *Henssler*, 1994, S.)

Hesse, Wolfgang: Der mutmaßliche Wille im BGB – Geschichte und Kritik Diss., Berlin 1939 (zit.: *Hesse*, 1939, S.)

Historisch-kritischer Kommentar zum BGB: Band I, Allgemeiner Teil, §§ 1-240 BGB Tübingen 2003 (zit.: *Bearbeiter* in: HKK, § Rn.)

Hülsmann, Christoph: Abfindungsklauseln: Kontrollkriterien der Rechtsprechung in: Neue Juristische Wochenschrift 2002, S. 1673–1680 (zit.: *Hülsmann*, NJW 2007, S.)

Jauernig: Bürgerliches Gesetzbuch mit Allgemeinen Gleichbehandlungsgesetz (Auszug) Kommentar 15. Auflage, München 2014 (zit.: *Bearbeiter* in: Jauernig, § Rn.)

Kessler, Friedrich: Die soziale Funktion des Vertrags zugunsten Dritter im nordamerikanischen Recht in: Müller, Klaus/ Soell, Hermann (Hrsg.): Festschrift für Eduard Wahl zum 70. Geburtstag am 29.März 1973 Heidelberg 1973 (zit.: *Kessler*, FS Wahl 1973, S.)

Kilian, Wolfgang: Zur Auslegung zivilrechtlicher Verträge in: Hans-Joachim Koch (Hrsg.): Juristische Methodenlehre und analytische Philosophie, S. 271–286 Kronberg/Ts. 1976 (zit.: *Kilian* in: Juristische Methodenlehre, 1976, S.)

Kötz, Hein: Europäisches Vertragsrecht 2. Auflage, Tübingen 2015 (zit.: *Kötz*, 2015, S.)

Kornet, Nicole: Contract Interpretation and Gap Filling: Comparative and Theoretical Perspectives Diss., Antwerpen, Oxford 2006 (zit.: *Kornet*, 2006, S.)

Krebs, Peter: Sonderverbindung und außerdeliktische Schutzpflichten Habil., München 2000 (zit.: *Krebs*, Sonderverbindung und außerdeliktische Schutzplichten, 2000, S.)

Larenz, Karl: Die Methode der Auslegung des Rechtsgeschäfts Habil., Frankfurt a.M., Berlin 1930 (zit.: *Larenz*, 1930, S.)

–: Anmerkung zum Urteil des BGH vom 25.04.1956, VI ZR 34/55 (NJW 1956, 1193–1194) in: Neue Juristische Wochenschrift 1956, S. 1194 (zit.: *Larenz*, NJW 1956, S.)

–: Zur Schutzwirkung eines Schuldvertrages gegenüber dritten Personen in: Neue Juristische Wochenschrift 1960, S. 78–81 (zit.: *Larenz*, NJW 1960, S.)

–: Ergänzende Vertragsauslegung und dispositives Recht in: Neue Juristische Wochenschrift 1963, S. 737–741 (zit.: *Larenz*, NJW 1963, S.)

– Lehrbuch des Schuldrechts Band II, 1. Halbband, Besonderer Teil 13. Auflage, München 1986 (zit.: *Larenz*, SchuldR BT II/1, 1986, § Abschnitt S.)

– Lehrbuch des Schuldrechts Band I, Allgemeiner Teil 14. Auflage, München 1987 (zit.: *Larenz*, SchuldR AT I, 1987, § Abschnitt S.)

– Allgemeiner Teil des deutschen Bürgerlichen Rechts 7. Auflage, München 1989 (zit.: *Larenz*, AT (7. Aufl. 1989), § Abschnitt)

– Methodenlehre der Rechtswissenschaft 6. Auflage, Berlin, Heidelberg, New York 1991 (zit.: *Larenz*, Methodenlehre, 1991, S.)

Larenz, Karl/ Canaris, Claus-Wilhelm: Lehrbuch des Schuldrechts Band II, 2. Halbband, Besonderer Teil 13. Auflage, München 1994 (zit.: *Larenz/ Canaris*, SchuldR BT II/2, 1994, § Abschnitt Unterabschnitt S.)

Larenz, Karl/ Wolf, Manfred: Allgemeiner Teil des Bürgerlichen Rechts 9. Auflage, München 2004 (zit.: *Larenz/Wolf*, AT, 2004, § Rn.)

Leonhard, Rudolf: Der Irrthum bei nichtigen Verträgen nach römischem Rechte Erster Theil: Die dem Einflusse des Irrthums ausgesetzten Bestandtheile des Vertrages Berlin 1882 (zit.: *Leonhard*, Irrthum I, 1882, S.)

Lorenz, Egon: Anmerkung zum Urteil des BGH vom 08.11.2000, IV ZR 298/99 (VersR 2001, 94–96) in: Versicherungsrecht 2001, S. 96–98 (zit.: *Lorenz*, VersR 2001, S.)

Lorenz, Werner: Die Einbeziehung Dritter in vertragliche Schuldverhältnisse – Grenzen zwischen vertraglicher und deliktischer Haftung in: Juristenzeitung 1960, S. 108–114 (zit.: *W. Lorenz*, JZ 1960, S.)

Lüderitz, Alexander: Auslegung von Rechtsgeschäften Habil., Karlsruhe 1966 (zit.: *Lüderitz*, 1966, S.)

–: Rezension – Otto Sandrock, Zur ergänzenden Vertragsauslegung im materiellen und inter-nationalen Schuldvertragsrecht, Köln 1966 in: Archiv für die civilistische Praxis 171 (1971), S. 160–167 (zit.: *Lüderitz*, AcP 171 (1971), S.)

Mangold, Wolfgang: Eigentliche und ergänzende Vertragsauslegung in: Neue Juristische Wochenschrift 1961, S. 2284–2287 (zit.: *Mangold*, NJW 1961, S.)

–: Probleme der Auslegung des Individualvertrags in: Neue Juristische Wochenschrift 1962, S. 1597–1601 (zit.: *Mangold*, NJW 1962, S.)

Medicus, Dieter: Durchblick: Die Akzessorietät im Zivilrecht in: Juristische Schulung 1971, S. 497–504 (zit.: *Medicus*, JuS 1971, S.)

– Allgemeiner Teil des BGB 10. Auflage, Heidelberg u.a. 2010 (zit.: *Medicus*, AT, 2010, Rn.)

Mugdan, Benno (Hrsg.) Die gesammten Materialien zum Bürgerlichen Gesetzbuch für das Deutsche Reich Band II: Recht der Schuldverhältnisse Berlin 1899 (zit.: *Mugdan*, Bd. II, 1899, S.)

Münchener Kommentar zum Bürgerlichen Gesetzbuch: Band 1, Allgemeiner Teil, §§ 1–240, AGB-Gesetz 3. Auflage, München 1993 (zit.: *Bearbeiter* in: MüKo BGB Bd. 1 (3. Aufl. 1993), § Rn.)

Münchener Kommentar zum Bürgerlichen Gesetzbuch: Band 1, Allgemeiner Teil, §§ 1–240, ProstG, AGG 6. Auflage, München 2012 (zit.: *Bearbeiter* in: MüKo BGB Bd. 1, § Rn.)

Münchener Kommentar zum Bürgerlichen Gesetzbuch: Band 2, Schuldrecht Allgemeiner Teil, §§ 241–432 6. Auflage, München 2012 (zit.: *Bearbeiter* in: MüKo BGB Bd. 2, § Rn.)

Münchener Kommentar zum Bürgerlichen Gesetzbuch: Band 4, Schuldrecht Besonderer Teil II, §§ 611–704, EFZG, TzBfG, KSchG 6. Auflage, München 2012 (zit.: *Bearbeiter* in: MüKo BGB Bd. 4, § Rn.)

Münchener Kommentar zum Bürgerlichen Gesetzbuch: Band 5, Schuldrecht Besonderer Teil III, §§ 705–853, Partnerschaftsgesellschaftsgesetz, Produkthaftungsgesetz 6. Auflage, München 2013 (zit.: *Bearbeiter* in: MüKo BGB Bd. 5, § Rn.)

Münchener Kommentar zum Handelsgesetzbuch: Band 2, Handelsgesellschaften und stille Gesellschaft, Erster Abschnitt: Offene Handelsgesellschaft, §§ 105–160 3. Auflage, München 2011 (zit.: *Bearbeiter* in: MüKo HGB Bd. 2, § Rn.)

Nassall, Wendt: Reduzierte Geltungserhaltung kartellrechtwidriger Klauseln? in: Betriebs-Berater 1988, S. 1264–1268 (zit.: *Nassall*, BB 1988, S.)

Neuner, Jörg: Vertragsauslegung – Vertragsergänzung – Vertragskorrektur in: Heldrich, Andreas/ Prölss, Jürgen/ Koller, Ingo (Hrsg.): Festschrift für Claus-Wilhelm Canaris, Band I München 2007 (zit.: *Neuner*, FS Canaris 2007 Bd. I, S.)

Nomos Kommentar BGB: Allgemeiner Teil, EGBGB, Band 1 2. Auflage, Baden-Baden 2011 (zit.: *Bearbeiter* in: NK-BGB Bd. 1, § Rn.)

– Schuldrecht, Band 2/1: §§ 241–610 2. Auflage, Baden-Baden 2012 (zit.: *Bearbeiter* in: NK-BGB Bd. 2/1, § Rn.)

Oertmann, Paul: Rechtsordnung und Verkehrssitte – insbesondere nach Bürgerlichem Recht Leipzig 1914 (zit.: *Oertmann*, Rechtsordnung und Verkehrssitte, 1914, S.)

Oetker, Hartmut: Kommentar zum Handelsgesetzbuch 4. Auflage, München 2015 (zit.: *Bearbeiter* in: Oetker, § Rn.)

Palandt: Bürgerliches Gesetzbuch, Kommentar 74. Auflage, München 2015 (zit.: *Bearbeiter* in: Palandt, § Rn.)

Papadimitropoulos, Antonios V.: Schuldverhältnisse mit Schutzwirkung zugunsten Dritter – Ein Erklärungsmodell für die Entstehung von Schutzpflichten gegenüber Dritten Diss., Berlin 2007 (zit.: *Papadimitropoulos*, 2007, S.)

Pilz, Hubert: Richterliche Vertragsergänzung und Vertragsabänderung Diss., Freiburg 1963 (zit.: *Pilz*, 1963, S.)

Prütting, Hanns/ Wegen, Gerhard/ Weinreich, Gerd (Hrsg.): BGB Kommentar 10. Auflage, Köln 2015 (zit.: *Bearbeiter* in: P/W/W, § Rn.)

RGRK, Reichsgerichtsräte-Kommentar: Das Bürgerliche Gesetzbuch mit besonderer Berücksichtigung der Rechtsprechung des Reichsgerichts und des Bundesgerichtshofes Kommentar hrsg. von Mitgliedern des Bundesgerichtshofes 12. Auflage, Berlin, New York 1982 (zit.: *Bearbeiter* in: RGRK Bd. I, § Rn.)

Rummel, Peter: Vertragsauslegung nach der Verkehrssitte Habil., Wien 1972 (zit.: *Rummel*, 1972, S.)

Säcker, Franz-Jürgen: Rechtsgeschäftsauslegung und Vertrauensprinzip in: Juristische Analysen 1971, S. 509–538 (zit.: *Säcker*, JurA 1971, S.)

– Die Anpassung von langfristigen Verträgen an bei Vertragsschluss unvorhergesehene und unvorhersehbare Umstände im Wege der ergänzenden Vertragsauslegung in: Aderhold, Lutz/ Grunewald, Barbara/ Klingberg, Dietgard/ Paefgen, Walter G. (Hrsg.): Festschrift für Harm Peter Westermann 2008 zum 70. Geburtstag Köln 2008 (zit.: *Säcker*, FS H.P. Westermann 2008, S.)

Sandrock, Otto: Zur ergänzenden Vertragsauslegung im materiellen und internationalen Schuldvertragsrecht Habil., Köln 1966 (zit.: *Sandrock*, 1966, S.)

Schäfer, Hans-Bernd/ Ott, Claus: Lehrbuch der ökonomischen Analyse des Zivilrechts 5. Auflage, Berlin, Heidelberg 2012 (zit.: *Schäfer/Ott*, 2012, S.)

Schimmel, Roland: Zur ergänzenden Auslegung von Verträgen in: Juristische Arbeitsblätter 2001, S. 339–344 (zit.: *Schimmel*, JA 2001, S.)

Schlosshauer-Selbach, Stefan: Anmerkung zum Urteil des OLG Karlsruhe vom 14.07.1981, 8 U 86/80 (JZ 1982, 860–861) in: Juristenzeitung 1982, 861–864 (zit.: *Schlosshauer-Selbach*, JZ 1982, S.)

Schmidt, Eike: Von der Privat- zur Sozialautonomie in: Juristenzeitung 1980, S. 153–161 (zit.: *Schmidt*, JZ 1980, S.)

Schmidt, Karsten: Gesellschaftsrecht 4. Auflage, Köln, Berlin, Bonn, München 2002 (zit.: *K. Schmidt*, GesR, 2002, § Abschnitt Unterabschnitt)

Sieber, Dorothée M.: Vertragliche Dritthaftung von Berufsträgern – Homogenisierung und Normativierung als Maximen einer konzeptionellen Neuentwicklung der Haftungsdogmatik Diss., Berlin 2009 (zit.: *Sieber*, 2009, S.)

Siebert, Wolfgang: Die Methode der Gesetzesauslegung – Erläutert an § 34 des Niedersächsischen Arbeitsschutzgesetzes für Jugendliche – Zugleich ein Beitrag zur Abgrenzung von regelmäßiger Arbeitszeit und Mehrarbeit Heidelberg 1958 (zit.: *Siebert*, 1958, S.)

Sienz, Christian/ Vogel, A. Olrik: Anmerkung zum Urteil des BGH vom 11.05.2009, VII ZR 11/08 (NJW 2009, 2443–2448) in: Neue Juristische Wochenschrift 2009, S. 2448–2449 (zit.: *Sienz/Vogel*, NJW 2009, S.)

Soergel: Bürgerliches Gesetzbuch mit Einführungsgesetz und Nebengesetzen Band 1, Einleitung, Allgemeiner Teil, Recht der Schuldverhältnisse: Allgemeiner Teil, §§ 1–432 9. Auflage, Stuttgart 1959 (zit.: *Bearbeiter* in: Soergel (9. Aufl. 1959), § Rn.)

– Bürgerliches Gesetzbuch mit Einführungsgesetz und Nebengesetzen Band 2, Schuldrecht I, §§ 241–432 12. Auflage, Stuttgart, Berlin, Köln 1990 (zit.: *Bearbeiter* in: Soergel (12. Aufl. 1990), § Rn.)

– Bürgerliches Gesetzbuch mit Einführungsgesetz und Nebengesetzen Band 2, Allgemeiner Teil 2, §§ 104 – 240 BGB 13. Auflage, Stuttgart, Berlin, Köln, Mainz 1999 (zit.: *Bearbeiter* in: Soergel, § Rn.)

Sonnenberger, Hans Jürgen: Verkehrssitten im Schuldvertrag Habil., München 1969 (zit.: *Sonnenberger*, 1969, S.)

Staub: Handelsgesetzbuch Band 3 des Großkommentars zum HGB, §§ 105–160 HGB 5. Auflage, Berlin 2009 (zit.: *Bearbeiter* in: Staub, § Rn.)

Staudinger: Kommentar zum Bürgerlichen Gesetzbuch mit Einführungsgesetz und Nebengesetzen Buch 1, Allgemeiner Teil, §§ 90–240 BGB 12. Auflage, Berlin 1980 (zit.: *Bearbeiter* in: Staudinger (12. Aufl. 1980), § Rn.)

– Kommentar zum Bürgerlichen Gesetzbuch mit Einführungsgesetz und Nebengesetzen Buch 2, Das Recht der Schuldverhältnisse, §§ 328–345 (Vertrag zugunsten Dritter, Draufgabe, Vertragsstrafe) Neubearbeitung, Berlin 2009 (zit.: *Bearbeiter* in: Staudinger, § Rn.)

- Kommentar zum Bürgerlichen Gesetzbuch mit Einführungsgesetz und Nebengesetzen Buch 1, Allgemeiner Teil, §§ 139 - 163 BGB (Allgemeiner Teil 4b - Teilnichtigkeit) Neubearbeitung, Berlin 2010 (zit.: *Bearbeiter* in: Staudinger, § Rn.)
- Kommentar zum Bürgerlichen Gesetzbuch mit Einführungsgesetz und Nebengesetzen Buch 1, Allgemeiner Teil, §§ 134–138 BGB (Allgemeiner Teil 4a – Gesetzliches Verbot und Sittenwidrigkeit) Neubearbeitung, Berlin 2011 (zit.: *Bearbeiter* in: Staudinger, § Rn.)
- Kommentar zum Bürgerlichen Gesetzbuch mit Einführungsgesetz und Nebengesetzen Buch 2, Das Recht der Schuldverhältnisse, §§ 631–651 (Werkvertragsrecht) Neubearbeitung, Berlin 2014 (zit.: *Bearbeiter* in: Staudinger, § Rn.)

Stölting, Carsten: Vertragsergänzung und implied terms – Eine rechtsvergleichende Untersuchung des deutschen und englischen Rechts Diss., München 2009 (zit.: *Stölting*, 2009, S.)

Stötter, Viktor: Versuch zur Präzisierung des Begriffs der mangelhaften Geschäftsgrundlage in: Archiv für die civilistische Praxis 166 (1966), S. 149–187 (zit.: *Stötter*, AcP 166 (1966), S.)

–: Die Voraussetzungen des Wegfalls der Geschäftsgrundlage – Zugleich Besprechung des Urteils des BGH v. 23.3.1966 in: Juristenzeitung 1967, S. 147–150 (zit.: *Stötter*, JZ 1967, S.)

Stumpf, Hermann: Zur Revisibilität der Auslegung von privaten Willenserklärungen in: Dietz, Rolf/ Hübner, Heinz (Hrsg.): Festschrift für Hans Carl Nipperdey, Band I München, Berlin 1965 (zit.: *Stumpf*, FS Nipperdey 1965 Bd. I, S.)

Stürner, Rolf: Entwicklungstendenzen des zivilprozessualen Beweisrechts und Arzthaftungsprozeß in: Neue Juristische Wochenschrift 1979, S. 1225–1230 (zit.: *Stürner*, NJW 1979, S.)

Süss, Theodor: Anmerkung zum Urteil des BGH vom 25.06.1957, VI ZR 178/56 (JZ 1958, 363–365) in: Juristenzeitung 1958, S. 365–366 (zit.: *Süss*, JZ 1958, S.)

Sutschet, Holger: Der Schutzanspruch zugunsten Dritter – Unter Berücksichtigung der Pflichtenlehre des Kommissionsentwurfs Diss., Berlin 1998 (zit.: *Sutschet*, S.)

Tuhr, Andreas von: Der Allgemeine Teil des Deutschen Bürgerlichen Rechts Zweiter Band, Erste Hälfte: Die rechtserheblichen Tatsachen, insbesondere das Rechtsgeschäft München, Leipzig 1914 (zit.: *von Tuhr*, AT II/1, 1914, S.)

Uffmann, Katharina: Richtungswechsel des BGH bei der ergänzenden Vertragsauslegung – Dargestellt am Beispiel der Preisanpassungsklauseln in Energielieferverträgen in: Neue Juristische Wochenschrift 2011, S. 1313–1317 (zit.: *Uffmann*, NJW 2011, S.)

Ulmer, Peter: Wirtschaftslenkung und Vertragserfüllung – Zur Bedeutung staatlicher Lenkungsmaßnahmen für die vertragliche Geschäftsgrundlage in: Archiv für die civilistische Praxis 174 (1974), S. 167–201 (zit.: *Ulmer*, AcP 174 (1974), S.)

Ulmer/ Brandner/ Hensen: AGB-Recht: Kommentar zu den §§ 305–310 BGB und zum Unterlassungsklagengesetz Christensen, Guido/ Fuchs, Andreas/ Hensen, Horst-Diether/ Schmidt, Harry/ Ulmer, Peter (Hrsg.) 11. Auflage, Köln 2011 (zit.: *Bearbeiter* in: U/B/H, § Rn.)

Ulmer, Peter/ Schäfer, Carsten: Die rechtliche Beurteilung vertraglicher Abfindungsbeschränkungen bei nachträglich eintretendem grobem Mißverhältnis in: Zeitschrift für Unternehmens- und Gesellschaftsrecht 1995, S. 134–155 (zit.: *Ulmer/Schäfer*, ZGR 1995, S.)

Weber, Ralph: Entwicklung und Ausdehnung des § 242 BGB zum „königlichen Paragraphen" in: Juristische Schulung 1992, S. 631–636 (zit.: *Weber*, JuS 1992, S.)

Westermann, Harm Peter: Die geltungserhaltende Reduktion im System der Inhaltskontrolle im Gesellschaftsrecht in: Lutter, Marcus/ Mertens, Hans-Joachim/ Ulmer, Peter (Hrsg.): Festschrift für Walter Stimpel zum 68. Geburtstag am 29.November 1985 Berlin, New York 1985 (zit.: *Westermann*, FS Stimpel 1985, S.)

Wieacker, Franz: Die Methode der Auslegung des Rechtsgeschäfts in: Juristenzeitung 1967, S. 385–391 (zit.: *Wieacker*, JZ 1967, S.)

Wittler, Jutta/ Kupczyk, Björn: Entwicklung des privaten Baurechts (BGB und VOB/B) seit Dezember 2014 in: Neue Juristische Wochenschrift 2015, S. 1922–1927 (zit.: *Wittler/Kupczyk*, NJW 2015, S.)

Wolf, Manfred/ Neuner Jörg: Allgemeiner Teil des Bürgerlichen Rechts 10. Auflage, München 2012 (zit.: *Wolf/Neuner*, AT, 2012, § Rn.)

Yung, Par W.: L'interprétation supplétive des contrats in: Zeitschrift des Bernischen Juristenvereins (Revue de la société des juristes bernois), S. 41–64 (zit.: *Yung*, ZBernJV 1961, S.)

Zenner, Andreas: Der Vertrag mit Schutzwirkung zu Gunsten Dritter – Ein Institut im Lichte seiner Rechtsgrundlage in: Neue Juristische Wochenschrift 2009, S. 1030–1034 (zit.: *Zenner*, NJW 2009, S.)

Zimmermann, Reinhard: „Heard melodies are sweet, but those unheard are sweeter …" – Condicio tacita, implied condition und die Fortbildung des europäischen Vertragsrechts in: Archiv für die civilistische Praxis 193 (1993), S. 121–173 (zit.: *Zimmermann*, AcP 193 (1993), S.)

Zitelmann, Ernst: Internationales Privatrecht, Band 2 München, Leipzig 1912 (zit.: *Zitelmann*, IPR II, 1912, S.)

Zugehör, Horst: Berufliche „Dritthaftung" – insbesondere der Rechtsanwälte, Steuerberater, Wirtschaftsprüfer und Notare – in der deutschen Rechtsprechung in: Neue Juristische Wochenschrift 2000, S. 1601–1609 (zit.: *Zugehör*, NJW 2000, S.)

–: Uneinheitliche Rechtsprechung des BGH zum (Rechtsberater-)Vertrag mit Schutzwirkung zu Gunsten Dritter in: Neue Juristische Wochenschrift 2008, S. 1105–1110 (zit.: *Zugehör*, NJW 2008, S.)

Internetquellen

Beck-Online

Rechtsprechung des BGH zur ergänzenden Vertragsauslegung
in:
https://beck-online.beck.de/?WORDS=Erg%C3%A4nzende+Vertragsauslegung&BTSEARCH.X=42%2c24&SOURCE=default&CHKRESTRICT=off&CHKTXTRGEBIET=off&CHKOPUS=off&CHKMODULE=off&RBSORT=score&FILTER=spubtyp0%3a%22ent%22|sgericht0%3a%2224884 8DD-FFC1–4203-897B-552ED64ED6F3%22&addfilter=sgericht1%3a%2224884 8DD-FFC1–4203-897B-552ED64ED6F3.66FE91FD-6A65–426E-947E-AAFD71343557%22,
abgerufen am 18.08.2015
(zit.: *Beck-Online*, Rechtsprechung des BGH zur ergänzenden Vertragsauslegung, Anzahl der ergangenen Urteile)

Entwurf eines bürgerlichen Gesetzbuches für das deutsche Reich: Erste Lesung

in:
http://archive.org/stream/entwurfeinesbrg00bundgoog#page/n98/mode/2up/search/359,
abgerufen am 19.05.2015
(zit.: *Entwurf eines bürgerlichen Gesetzbuches für das deutsche Reich*: Erste Lesung, Abschnitt, §)

Rechtsprechungsverzeichnis

Reichsgericht

RG, Urt. v. 02.07.1881	I 533/81	RGZ 5, 146
RG, Urt. v. 06.03.1908	VII 250/07	RGZ 68, 126
RG, Urt. v. 19.03.1908	IV 322/07	RGZ 67, 431
RG, Urt. v. 22.12.1910	VI 610/09	RGZ 75, 251
RG, Urt. v. 02.07.1912	III 496/11	RGZ 80, 27
RG, Urt. v. 19.06.1915	V 51/15	RGZ 87, 211
RG, Urt. v. 12.03.1918	III 437/17	RGZ 92, 318
RG, Urt. v. 28.11.1923	V 31/23	RGZ 107, 78
RG, Urt. v. 21.11.1927	VI 71/27	RGZ 119, 21
RG, Urt. v. 30.04.1930	V 84/29	RGZ 128, 241
RG, Urt. v. 20.05.1930	II 459/29	RGZ 129, 80
RG, Urt. v. 03.01.1931	I 215/30	JW 1931, 1025
RG, Urt. v. 19.02.1931	VI 389/30	RGZ 131, 343
RG, Urt. v. 18.04.1932	VIII 649/31	RGZ 136, 178
RG, Urt. v. 05.10.1934	II 139/34	JW 1935, 1233
RG, Urt. v. 29.09.1936	III 46/36	RGZ 152, 175
RG, Urt. v. 16.11.1937	II 96/37	RGZ 156, 164
RG, Urt. v. 23.12.1938	II 102/38	RGZ 159, 272
RG, Urt. v. 27.06.1940	V 205/39	RGZ 164, 196
RG, Urt. v. 05.05.1942	VII 4/42	RGZ 169, 122

Bundesgerichtshof

BGH, Urt. v. 23.05.1951	II ZR 71/50	BGHZ 2, 176
BGH, Urt. v. 21.02.1952	IV ZR 103/51	BeckRS 1952, 31375035
BGH, Urt. v. 25.09.1952	IV ZR 80/52	NJW 1952, 1330

BGH, Urt. v. 30.09.1952	I ZR 31/52	BGHZ 7, 231
BGH, Urt. v. 14.04.1953	I ZR 152/52	BGHZ 9, 221
BGH, Urt. v. 22.04.1953	II ZR 143/52	BGHZ 9, 273
BGH, Urt. v. 29.04.1953	VI ZR 63/52	BGHZ 9, 316
BGH, Urt. v. 24.02.1954	II ZR 88/53	BGHZ 12, 337
BGH, Urt. v. 18.12.1954	II ZR 76/54	BGHZ 16, 71
BGH, Urt. v. 22.11.1955	I ZR 218/53	BGHZ 19, 110
BGH, Urt. v. 14.07.1956	V ZR 223/54	BGHZ 21, 319
BGH, Urt. v. 15.12.1956	IV ZR 101/56	BGHZ 22, 364
BGH, Urt. v. 20.12.1956	VII ZR 279/56	BGHZ 23, 53
BGH, Urt. v. 07.02.1957	II ZR 249/55	BGHZ 23, 282
BGH, Urt. v. 03.04.1957	IV ZR 291/56	DB 1957, 454
BGH, Beschl. v. 08.10.1957	V BLw 12/57	BGHZ 25, 293
BGH, Urt. v. 26.11.1959	VII ZR 120/58	BGHZ 31, 224
BGH, Urt. v. 08.03.1960	VIII ZR 49/59	BeckRS 1960, 31190859
BGH, Urt. v. 21.04.1960	VII ZR 97/59	BGZ 32, 206
BGH, Urt. v. 16.12.1960	II ZR 162/59	BGHZ 34, 80
BGH, Urt. v. 29.01.1962	II ZR 172/60	BeckRS 1962, 31182848
BGH, Urt. v. 10.07.1963	VIII ZR 204/61	BGHZ 40, 91
BGH, Urt. v. 16.10.1963	IV ZR 339/62	BeckRS 1963, 31398457
BGH, Urt. v. 30.12.1963	VII ZR 88/62	NJW 1964, 647
BGH, Urt. v. 24.06.1964	V ZR 85/62	BeckRS 1964, 31183593
BGH, Beschl. v. 01.02.1965	GSZ 1/64	BGHZ 43, 227
BGH, Urt. v. 10.06.1965	II ZR 6/63	NJW 1965, 1960
BGH, Urt. v. 23.06.1965	VIII ZR 201/63	NJW 1965, 1757
BGH, Urt. v. 30.06.1966	KZR 5/65	BGHZ 46, 74
BGH, Urt. v. 03.02.1967	VI ZR 114/65	BGHZ 47, 75
BGH, Urt. v. 10.07.1967	II ZR 71/67	BeckRS 1967, 31169159
BGH, Urt. v. 13.07.1967	VII ZR 128/65	BeckRS 1967, 31177699

BGH, Urt. v. 05.10.1967	VII ZR 143/65	NJW 1968, 245
BGH, Urt. v. 08.11.1967	Ib ZR 135/65	BGHZ 49, 221
BGH, Urt. v. 22.01.1968	VIII ZR 195/65	BGHZ 49, 350
BGH, Urt. v. 18.03.1968	II ZR 26/66	BeckRS 1968, 31174227
BGH, Urt. v. 10.07.1969	III ZR 238/68	BeckRS 1969, 31168917
BGH, Urt. v. 29.09.1969	VIII ZR 3/68	BeckRS 1969, 31181509
BGH, Urt. v. 15.12.1969	II ZR 69/67	NJW 1970, 468
BGH, Urt. v. 20.05.1970	VIII ZR 197/68	NJW 1970, 1313
BGH, Urt. v. 07.05.1971	V ZR 94/70	BGHZ 56, 136
BGH, Urt. v. 15.06.1971	VI ZR 262/69	BGHZ 56, 269
BGH, Urt. v. 23.10.1972	II ZR 31/70	NJW 1973, 651
BGH, Urt. v. 16.04.1973	VII ZR 140/71	BGHZ 60, 353
BGH, Urt. v. 07.05.1973	II ZR 140/71	NJW 1973, 1606
BGH, Urt. v. 25.05.1973	V ZR 26/71	WM 1973, 869
BGH, Urt. v. 19.09.1973	VIII ZR 175/72	BGHZ 61, 227
BGH, Urt. v. 13.05.1974	VIII ZR 19/73	BeckRS 1974, 31125969
BGH, Urt. v. 30.10.1974	VIII ZR 69/73	BGHZ 63, 132
BGH, Urt. v. 20.12.1974	V ZR 132/73	BGHZ 69, 359
BGH, Urt. v. 19.03.1975	VIII ZR 262/73	NJW 1975, 1116
BGH, Urt. v. 28.01.1976	VIII ZR 246/74	BGHZ 66, 51
BGH, Urt. v. 15.10.1976	V ZR 245/74	BeckRS 1976, 31117097
BGH, Urt. v. 20.01.1977	II ZR 217/75	BGHZ 68, 212
BGH, Urt. v. 14.10.1977	V ZR 253/74	NJW 1978, 695
BGH, Urt. v. 13.10.1978	V ZR 44/77	BeckRS 1978, 00266
BGH, Urt. v. 23.11.1978	II ZR 20/78	NJW 1979, 1705
BGH, Urt. v. 19.02.1979	II ZR 225/77	WM 1979, 889
BGH, Urt. v. 01.06.1979	V ZR 80/77	BGHZ 74, 370
BGH, Urt. v. 18.12.1979	VI ZR 52/78	NJW 1980, 1681
BGH, Urt. v. 19.06.1980	III ZR 182/78	NJW 1981, 219
BGH, Urt. v. 25.06.1980	VIII ZR 260/79	BGHZ 77, 301

BGH, Urt. v. 03.07.1981	V ZR 100/80	BGHZ 81, 135
BGH, Urt. v. 13.07.1981	II ZR 56/80	BGHZ 81, 263
BGH, Urt. v. 29.04.1982	III ZR 154/80	BGHZ 84, 1
BGH, Urt. v. 17.05.1982	VII ZR 316/81	BGHZ 84, 109
BGH, Urt. v. 24.06.1982	VII ZR 244/81	NJW 1982, 2190
BGH, Urt. v. 28.06.1982	II ZR 226/81	NJW 1982, 2816
BGH, Urt. v. 20.06.1983	II ZR 237/82	NJW 1983, 2880
BGH, Urt. v. 02.11.1983	IV a ZR 20/82	NJW 1984, 355
BGH, Urt. v. 01.02.1984	VIII ZR 54/83	BGHZ 90, 69
BGH, Urt. v. 20.06.1984	VIII ZR 337/82	BGHZ 91, 375
BGH, Urt. v. 24.09.1984	II ZR 256/83	NJW 1985, 192
BGH, Beschl. v. 30.10.1984	VIII ARZ 1/84	BGHZ 92, 363
BGH, Urt. v. 06.02.1985	VIII ZR 61/84	BGHZ 93, 358
BGH, Urt. v. 20.03.1985	VIII ZR 64/84	NJW 1985, 2581
BGH, Urt. v. 25.03.1985	II ZR 240/84	NJW 1985, 2421
BGH, Urt. v. 24.04.1985	IVb ZR 17/84	NJW 1985, 1835
BGH, Urt. v. 21.10.1985	II ZR 57/85	NJW-RR 1986, 256
BGH, Urt. v. 05.11.1986	VIII ZR 151/85	NJW-RR 1987, 305
BGH, Urt. v. 08.02.1988	II ZR 210/87	BGHZ 103, 228
BGH, Urt. v. 12.02.1988	V ZR 8/87	NJW 1988, 2099
BGH, Urt. v. 19.09.1988	II ZR 329/87	BGHZ 105, 213
BGH, Urt. v. 24.11.1988	VII ZR 222/87	NJW-RR 1989, 775
BGH, Urt. v. 05.06.1989	II ZR 227/88	BGHZ 107, 351
BGH, Urt. v. 06.07.1989	III ZR 35/88	NJW-RR 1989, 1490
BGH, Urt. v. 16.10.1989	II ZR 2/89	NJW-RR 1990, 226
BGH, Urt. v. 14.03.1990	VIII ZR 18/89	NJW-RR 1990, 817
BGH, Urt. v. 30.03.1990	V ZR 113/89	NJW 1990, 1723
BGH, Urt. v. 04.05.1990	V ZR 21/89	BGHZ 111, 214
BGH, Urt. v. 05.07.1990	IX ZR 10/90	NJW 1990, 3206

BGH, Urt. v. 10.10.1990	VIII ZR 370/89	NJW-RR 1991, 176
BGH, Urt. v. 16.12.1991	II ZR 58/91	BGHZ 116, 359
BGH, Urt. v. 17.06.1992	XII ZR 253/90	NJW 1992, 2690
BGH, Urt. v. 24.05.1993	II ZR 36/92	NJW 1993, 2101
BGH, Urt. v. 20.09.1993	II ZR 104/92	BGHZ 123, 281
BGH, Urt. v. 13.01.1994	IX ZR 2/93	BGHZ 124, 371
BGH, Urt. v. 01.06.1994	XII ZR 227/92	NJW-RR 1994, 1163
BGH, Urt. v. 01.06.1994	V ZR 278/92	BGHZ 126, 150
BGH, Urt. v. 21.09.1994	XII ZR 77/93	BGHZ 127, 138
BGH, Urt. v. 10.11.1994	III ZR 50/94	BGHZ 127, 378
BGH, Urt. v. 23.11.1994	IV ZR 124/93	BGHZ 128, 54
BGH, Beschl. v. 09.01.1995	II ZR 149/94	DStR 1995, 461
BGH, Urt. v. 31.01.1995	XI ZR 56/94	NJW 1995, 1212
BGH, Urt. v. 13.07.1995	VII ZR 142/94	NJW-RR 1995, 1360
BGH, Urt. v. 14.05.1996	XI ZR 257/94	BGHZ 133, 25
BGH, Urt. v. 02.07.1996	X ZR 104/94	BGHZ 133, 168
BGH, Urt. v. 24.10.1996	VII ZR 283/95	BGHZ 133, 399
BGH, Urt. v. 13.11.1996	IV ZR 62/96	BGHZ 134, 60
BGH, Urt. v. 20.12.1996	V ZR 259/95	NJW 1997, 652
BGH, Urt. v. 06.03.1997	IX ZR 74/95	NJW 1997, 1570
BGH, Urt. v. 14.03.1997	V ZR 9/96	BGHZ 135, 92
BGH, Urt. v. 13.11.1997	IX ZR 289/96	BGHZ 137, 153
BGH, Urt. v. 13.11.1997	X ZR 144/94	NJW 1998, 1059
BGH, Urt. v. 27.11.1997	GSZ 1 u. 2/97	BGHZ 137, 212
BGH, Urt. v. 12.12.1997	V ZR 250/96	NJW 1998, 1219
BGH, Urt. v. 02.04.1998	III ZR 245/96	BGHZ 138, 257
BGH, Urt. v. 10.07.1998	V ZR 360/96	NJW 1998, 3268
BGH, Urt. v. 24.11.1998	X ZR 21/97	NJW 1999, 923
BGH, Urt. v. 01.07.1999	I ZR 181/96	NJW 2001, 600

BGH, Urt. v. 03.11.1999	VIII ZR 269/98	BGHZ 143, 103
BGH, Urt. v. 17.02.2000	IX ZR 32/99	NJW 2000, 1569
BGH, Urt. v. 14.11.2000	XI ZR 548/99	BGHZ 146, 37
BGH, Urt. v. 13.02.2001	XI ZR 197/00	BGHZ 146, 377
BGH, Urt. v. 15.03.2001	IX ZR 273/98	NJW 2001, 1859
BGH, Urt. v. 26.06.2001	X ZR 231/99	NJW 2001, 3115
BGH, Urt. v. 09.07.2001	II ZR 205/99	NJW 2001, 3777
BGH, Urt. v. 19.12.2001	XII ZR 281/99	NJW 2002, 1260
BGH, Urt. v. 17.04.2002	VIII ZR 297/01	NJW 2002, 2310
BGH, Urt. v. 09.07.2002	X ZR 244/00	NJW-RR 2002, 1528
BGH, Urt. v. 13.02.2004	V ZR 225/03	NJW 2004, 1873
BGH, Urt. v. 04.03.2004	III ZR 96/03	BGHZ 158, 201
BGH, Urt. v. 20.04.2004	X ZR 250/02	BGHZ 159, 1
BGH, Urt. v. 20.04.2004	X ZR 255/02	NJW-RR 2004, 1464
BGH, Urt. v. 24.06.2004	VII ZR 259/02	BGHZ 159, 376
BGH, Beschl. v. 07.10.2004	V ZB 22/04	BGHZ 160, 354
BGH, Urt. v. 30.11.2004	XI ZR 200/03	BGHZ 161, 189
BGH, Urt. v. 01.06.2005	VIII ZR 234/04	NJW-RR 2005, 1421
BGH, Urt. v. 20.07.2005	VIII ZR 397/03	NJW-RR 2005, 1619
BGH, Urt. v. 11.10.2005	XI ZR 395/04	BGHZ 164, 286
BGH, Teilurt. v. 21.12.2005	III ZR 451/04	NJW-RR 2006, 496
BGH, Urt. v. 21.12.2005	VIII ZR 108/04	NJW-RR 2006, 632
BGH, Urt. v. 21.12.2005	X ZR 108/03	NJW-RR 2006, 699
BGH, Urt. v. 07.02.2006	KZR 24/04	NJW-RR 2006, 1139
BGH, Urt. v. 08.06.2006	VII ZR 13/05	NJW 2006, 2978
BGH, Urt. v. 06.10.2006	V ZR 20/06	BGHZ 169, 215
BGH, Urt. v. 17.01.2007	VIII ZR 171/06	BGHZ 170, 311
BGH, Urt. v. 19.01.2007	V ZR 163/06	NJW 2007, 1884
BGH, Urt. v. 24.01.2008	III ZR 79/07	NJW-RR 2008, 562

BGH, Urt. v. 09.10.2008	VII ZR 227/07	NJW 2009, 218
BGH, Urt. v. 29.10.2008	XII ZR 165/06	NJW-RR 2009, 637
BGH, Urt. v. 18.12.2008	VII ZR 201/06	BGHZ 179, 213
BGH, Versäumnisurt. v. 09.01.2009	V ZR 168/07	NJW 2009, 1348
BGH, Urt. v. 21.01.2009	XII ZR 79/07	NJW-RR 2009, 593
BGH, Urt. v. 10.02.2009	VI ZR 28/08	NJW 2009, 1482
BGH, Urt. v. 24.04.2009	LwZR 11/08	NJW-RR 2009, 1714
BGH, Urt. v. 11.05.2009	VII ZR 11/08	BGHZ 181, 47
BGH, Urt. v. 15.07.2009	VIII ZR 225/07	BGHZ 182, 59
BGH, Urt. v. 10.09.2009	VII ZR 152/08	NJW 2010, 522
BGH, Urt. v. 13.04.2010	XI ZR 197/09	BGHZ 185, 166
BGH, Urt. v. 14.07.2010	VIII ZR 246/08	BGHZ 186, 180
BGH, Urt. v. 21.12.2010	XI ZR 52/08	NJW-RR 2011, 625
BGH, Urt. v. 09.02.2011	VIII ZR 295/09	NJW 2011, 1342
BGH, Urt. v. 17.03.2011	I ZR 93/09	BeckRS 2011, 21186
BGH, Urt. v. 27.09.2011	II ZR 279/09	NZG 2011, 1420
BGH, Urt. v. 18.11.2011	V ZR 31/11	NJW 2012, 526
BGH, Urt. v. 11.01.2012	XII ZR 40/10	NJW 2012, 844
BGH, Urt. v. 26.01.2012	VII ZR 19/11	BGHZ 192, 252
BGH, Urt. v. 02.03.2012	V ZR 159/11	NJW-RR 2012, 1223
BGH, Urt. v. 14.03.2012	VIII ZR 93/11	BeckRS 2012, 07968
BGH, Urt. v. 14.03.2012	VIII ZR 113/11	BGHZ 192, 372
BGH, Urt. v. 12.10.2012	V ZR 222/11	NJW-RR 2013, 494
BGH, Urt. v. 15.11.2012	VII ZR 99/10	NJW 2013, 678
BGH, Urt. v. 23.01.2013	VIII ZR 52/12	BeckRS 2013, 02809
BGH, Urt. v. 23.01.2013	VIII ZR 80/12	BeckRS 2013, 02661
BGH, Urt. v. 31.07.2013	VIII ZR 162/09	BGHZ 198, 111
BGH, Urt. v. 27.09.2013	V ZR 52/12	NJW 2014, 854
BGH, Urt. v. 10.10.2013	VII ZR 19/12	NJW 2014, 206

BGH, Urt. v. 15.01.2014	VIII ZR 80/13	NJW 2014, 1877
BGH, Urt. v. 20.03.2014	VII ZR 248/13	NJW 2014, 1725
BGH, Urt. v. 26.06.2014	III ZR 299/13	NJW-RR 2015, 183
BGH, Urt. v. 24.09.2014	VIII ZR 350/13	NJW 2014, 3639
BGH, Urt. v. 15.10.2014	XII ZR 111/12	BeckRS 2014, 21522
BGH, Urt. v. 03.12.2014	VIII ZR 370/13	NJW 2015, 1167
BGH, Urt. v. 26.03.2015	VII ZR 92/14	NJW 2015, 1952
BGH, Urt. v. 15.04.2015	VIII ZR 59/14	BeckRS 2015, 09081

Bundesfinanzhof

BFH, Urt. v. 25.08.1981	VII B 3/81	BB 1982, 41

Bundesarbeitsgericht

BAG, Urt. v. 22.07.1959	2 AZR 102/57	BB 1959, 1137
BAG, Urt. v. 16.06.1966	5 AZR 531/65	DB 1966, 1400
BAG, Beschl. v. 21.02.1967	1 ABR 2/66	NJW 1967, 1342
BAG, Urt. v. 13.06.1973	4 AZR 445/72	BB 1974, 786
BAG, Urt. v. 16.11.1979	2 AZR 1052/77	BB 1980, 580
BAG, Urt. v. 12.12.2007	10 AZR 97/07	NJW 2008, 872

Oberlandesgerichte

OLG Karlsruhe, Urt. v. 04.10.1950	1 U 148/50	NJW 1951, 444
OLG Karlsruhe, Urt. v. 16.11.1961	4 U 46/61	NJW 1962, 807
BayObLG, Beschl. v. 13.01.1964	BReg. 1 Z 149/63	BayObLGZ 1964, 6
OLG München, Urt. v. 10.12.1975	3 U 397/75	NJW 1976, 1096
OLG Hamburg, Urt. v. 12.02.1981	6 U 150/80	VersR 1982, 341
OLG Karlsruhe, Urt. v. 14.07.1981	8 U 86/80	JZ 1982, 860
OLG München, Urt. v. 16.02.2001	23 U 4590/00	NZG 2001, 662
OLG München, Urt. v. 01.09.2004	7 U 6152/99	NZG 2004, 1055

| OLG Schleswig, Urt. v. 07.12.2007 | 14 U 57/07 | NJW-RR 2008, 1705 |
| OLG Frankfurt a. M., Urt. v. 09.01.2013 | 16 U 18/12 | NZG 2013, 292 |

Landesarbeitsgericht

| LAG Bremen, Urt. v. 08.11.1974 | 1 Sa 83/74 | BB 1975, 839 |

1. Teil: Einführung in die Thematik und Zielsetzung der Arbeit

Das Instrument der ergänzenden Vertragsauslegung zielt darauf ab, Lücken rechtsgeschäftlicher Vereinbarungen zu schließen.[1] Obwohl die ergänzende (Vertrags-)Auslegung bereits seit längerer Zeit anerkannt ist und in einer Vielzahl von Fällen eingesetzt wurde und wird[2], herrscht Unsicherheit über ihr Wesen und die Frage, unter welchen Voraussetzungen sie wie zur Anwendung kommen soll. Diesbezüglich schweigt auch das Gesetz. Die Vorschriften der §§ 157, 242 BGB, welche im Rahmen der ergänzenden Vertragsauslegung zitiert werden[3], beinhalten keine Kodifikation der ergänzenden Vertragsauslegung.

Gleichwohl besteht das Bedürfnis für eine solche Ergänzung bereits seitdem es Verträge gibt, da selten ein wahrlich vollständiger, alle Eventualitäten abdeckender Vertrag geschlossen wird. Zum einen konzentrieren sich die Parteien bei Vertragsschluss auf die Hauptleistungspflichten.[4] Zum anderen kann es, insbesondere bei langfristigen Verträgen, vorkommen, dass das Vorstellungsvermögen der Beteiligten nicht ausreicht, um alle potenziellen Störungen bei der Vertragsabwicklung zu bedenken und entsprechende Regelungen zu treffen.[5] Der entscheidende Grund für die Unvollständigkeit

---

1 BGHZ 9, 273, 277 f.; 77, 301, 304; *Ellenberger* in: Palandt, § 157 Rn. 2; *Roth* in: Staudinger, § 157 Rn. 4; *Wolf* in: Soergel, § 157 Rn. 103.
2 Siehe z.B. BGHZ 9, 273, 277 f.; 16, 71, 75 ff.; 23, 282, 285; 123, 281, 285 ff.; 164, 286, 291 ff.; 181, 47, 49, 51 f., 59 f.; BGH NJW 1975, 1116, 1116 f.; 1978, 695, 695 f.; 1998, 1219, 1219 f.; 2002, 2310, 2310 ff.; 2013, 678, 679 f.; NJW-RR 1990, 226, 227; 2005, 1619, 1621; 2013, 494, 495 f.; 2015, 183, 184 f.
3 Vgl. BGH NJW 2009, 1482, 1483; *Roth* in: Staudinger, § 157 Rn. 1 f.; *Armbrüster* in: Erman, § 157 Rn. 15; *Wolf* in: Soergel, § 157 Rn. 105; *Krebs* in: NK-BGB Bd. 2/1, § 242 Rn. 24; *Lüderitz*, 1966, S. 416 ff.; *Süss*, JZ 1958, 365, 365 f.
4 *Kötz*, 2015, S. 146; Vgl. *Kornet*, 2006, S. 146; *Medicus*, AT, 2010, Rn. 340; *Henckel*, AcP 159 (1960/61), 106, 107.
5 *Kötz*, 2015, S. 147; *Cziupka*, JuS 2009, 103, 103; *Henckel*, AcP 159 (1960/61), 106, 107.

von Verträgen dürfte aber ein ökonomischer sein.⁶ Die einem Vertragsabschluss vorausgehenden Vertragsverhandlungen verursachen Aufwand. Es entstehen Transaktionskosten, deren Ausmaß sich häufig nicht mit dem zu ziehenden Nutzen deckt.⁷ Folglich wird ein sog. vollständiger Vertrag nur dort existieren, wo sich der entsprechende Arbeits- und Kostenaufwand lohnt. Dennoch wird man zunächst versuchen den Vertrag selbst auszulegen um ein Problem zu lösen.

Anhand der ergänzenden Vertragsauslegung kann der Richter vertragliche Regelungslücken individuell und im Interesse der Vertragsparteien ausfüllen. Die Rechtsprechung erhält sich bei im Wege ergänzender Vertragsauslegung geschlossener Lücken die Freiheit für eine Überprüfung in späteren Entscheidungen. Denn sie ist normative Auslegung und mithin als Rechtsfrage einzuordnen, so dass sie zumindest grundsätzlich einer Überprüfung zugänglich sein muss.⁸ Die ergänzende Vertragsauslegung ist, gerade weil sie nicht geregelt ist, von besonderem dogmatischen Interesse und zwar auch weil sich die Frage nach der Beziehung zur richterlichen Rechtsfortbildung stellt.

Vorrangig gegenüber einer ergänzenden Vertragsauslegung soll die Lückenfüllung mithilfe der Regelungen des dispositiven Rechts sein.⁹ Ein entsprechender Rückgriff gestaltete sich in der Vergangenheit häufig schwierig, da auch das Gesetzesrecht beträchtliche Lücken aufwies. Inzwischen verfügt das dispositive Recht über zahlreiche Normen, doch kann es auch heute nicht für jede Situation eine Lösung bereithalten.¹⁰ Nicht selten widerspricht

---

6 *Kötz*, 2015, S. 147; *Cziupka*, JuS 2009, 103, 103; Vgl. *Schäfer/Ott*, 2012, S. 432.
7 Vgl. Ausführungen von *Kötz*, 2015, S. 147.
8 *Roth* in: Staudinger, § 157 Rn. 52; *Ellenberger* in: Palandt, § 157 Rn. 11; *Armbrüster* in: Erman, § 157 Rn. 34; *Looschelders* in: NK-BGB Bd. 1, § 157 Rn. 68 f.; *Flume*, AT Bd. II, 1992, § 16 4b S. 324 ff.; Vgl. auch *Henckel*, AcP 159 (1960/61), 106, 123; a.A. *Sandrock*, 1966, S. 130.
9 BGHZ 40, 91, 103; 77, 301, 304; BGH NJW 1982, 2190, 2191; *Ellenberger* in: Palandt, § 157 Rn. 4; *Piper* in: RGRK, § 157 Rn. 101; *Roth* in: Staudinger, § 157 Rn. 23; *Looschelders* in: NK-BGB Bd. 1, § 157 Rn. 20; *Wolf* in: Soergel, § 157 Rn. 124; *Ehricke*, RabelsZ 60 (1996), 661, 680.
10 Insbesondere bei gesetzlich nicht geregelten, atypischen Verträgen Vgl. *Ellenberger* in: Palandt, § 157 Rn. 6; *Roth* in: Staudinger, § 157 Rn. 23; *Armbrüster* in: Erman, § 157 Rn. 19; *Wendtland* in: BeckOK BGB, § 157 Rn. 39; *Larenz/Wolf*, AT, 2004, § 28 Rn. 112.

die Anwendung einer gesetzlichen Vorschrift den Interessen der Parteien und wirft daher die Frage nach der ergänzenden Vertragsauslegung auf.

An dieser Stelle wird das Spannungsfeld zwischen dispositiven Recht, ergänzender Vertragsauslegung sowie der eigentlichen Auslegung deutlich.

Ziel der vorliegenden Arbeit ist zunächst die Aufarbeitung des Status Quo in Rechtsprechung und Literatur im Bereich der ergänzenden Vertragsauslegung. Auf Basis dessen soll der Versuch unternommen werden, die offenen Fragen sowie bestehende Konflikte zu klären. Idealerweise sollen Leitsätze entwickelt werden, welche die Auslegung widerspruchsfreier und praktischer gestalten.

Als Grundlage der Untersuchung dienen die (überwiegend) höchstrichterliche Spruchpraxis[11] sowie die Literaturmeinungen.[12] Denn neben einer dogmatischen Einordnung des Instruments der ergänzenden Vertragsauslegung ist insbesondere die Entscheidungspraxis des BGH von Interesse.

Die ergänzende Vertragsauslegung von Allgemeinen Geschäftsbedingungen wird in der Rechtsprechung heute sehr stark eingeschränkt[13], um den Zweck der AGB-Inhaltskontrolle[14] nicht zu unterlaufen. Da dies eine atypische Konstellation ist, aus der sich keine wesentlichen Erkenntnisse für die Grundkonzeption der ergänzenden Vertragsauslegung ziehen lassen, wird hierauf nicht näher eingegangen.

---

11 U.a. BGHZ 9, 273; 16, 71; 40, 91; 74, 370; 77, 301; 107, 351; 123, 281; BGH NJW 1975, 1116; 1979, 1705; 1982, 2190; 2002, 2310; 2015, 1952; NJW-RR 1990, 226.

12 U.a. *Vogenauer* in: HKK, §§ 133, 157; *Piper* in: RGRK, § 157; *Roth* in: Staudinger, § 157; *Busche* in: MüKo BGB Bd. 1, §§ 133, 157; *Ellenberger* in: Palandt, §§ 133, 157; *Hefermehl* in: Soergel § 133; *Wolf* in: Soergel, § 157; *Arnold* in: Erman, § 133; *Armbrüster* in: Erman, § 157; *Looschelders* in: NK-BGB Bd. 1, §§ 133, 157; *Wendtland* in: BeckOK BGB, §§ 133, 157; *Mansel* in: Jauernig, §§ 133, 157; *Ahrens* in: P/W/W, § 133; *Brinkmann* in: P/W/W, § 157; *Dörner* in: Hk-BGB, § 157; *Sandrock*, 1966, S. 13 ff.; *Henckel*, AcP 159 (1960/61), 106; *Larenz*, NJW 1963, 737; *Ehricke*, RabelsZ 60 (1996), 661; *Neuner*, FS Canaris 2007 Bd. I, 901; *Cziupka*, JuS 2009, 103.

13 Vgl. BGHZ 182, 59, 74; 186, 180, 198; BGH NJW 2011, 1342, 1345; NJW-RR 2011, 625, 626; *Roth* in: Staudinger, § 157 Rn. 50; *Busche* in: MüKo BGB Bd. 1, § 157 Rn. 32; a.A. *Uffmann*, NJW 2011, 1313, 1315 ff.

14 BGHZ 93, 358, 362 f.; BGH NJW 1986, 2369, 2369; 2014, 206, 208; 2014, 1725, 1728; *H. Schmidt* in: BeckOK BGB, § 307 Rn. 74, 68.

2. Teil: Die ergänzende (Vertrags-)Auslegung im historischen Kontext

Der Begriff der ergänzenden Auslegung entstand im 19. Jahrhundert, vermutlich in Anlehnung an Art. 1160 CC[15]. Der Code civil sprach als erste Kodifikation in Art. 1160 davon, dass es um eine Ergänzung des Vertrages geht.[16] Genau genommen besagt der erste Halbsatz des Art. 1160 CC, dass die üblichen Klauseln im Vertrag ergänzt werden müssen.[17] Im Anschluss beschäftigten sich einige Autoren mit der Thematik der ergänzenden Auslegung.[18] Doch bereits die römischen Juristen ergänzten Rechtsgeschäfte mithilfe der Auslegung, indes ohne Verwendung des entsprechenden Begriffs.[19] Sie entwickelten in Bezug auf den mutmaßlichen Willen vernünftig denkender Parteien durch Auslegung eine in der Vereinbarung nicht ausdrücklich enthaltene stillschweigende Bedingung.[20]

Im deutschen Recht wurde im Jahre 1882 schon von den „üblichen" Ausdrücken der „erklärenden" und „ergänzenden" Auslegung gesprochen.[21]

---

15 *Vogenauer* in: HKK, §§ 133, 157 Rn. 89; Art. 1160 des französischen Code civil: «On doit suppléer le contrat les clauses qui y sont d'usage, quoiqu'elles n'y soient pas exprimées.»
16 *Vogenauer* in: HKK, §§ 133, 157 Rn. 91; So später auch Art. 1287 des spanischen Código Civil: „El uso o la costumbre del país se tendrán en cuenta para interpretar las ambigüedades de los contratos, supliendo en éstos la omisión de cláusulas que de ordinario suelen establecerse."
17 «On doit suppléer le contrat les clauses qui y sont d'usage (…).»
18 So *Goldschmidt*, Handbuch I in der 2. Aufl. von 1875, S. 333 f. (1. Aufl. von 1864 schweigt zu dieser Thematik); *Leonhard*, Irrthum I, 1882, S. 229; *Bolze*, ZZP 15 (1890), 415, 417 „ergänzende Thätigkeit des Richters"; *Danz*, Auslegung, 1897, S. 70, 88 ff.; *Zitelmann*, IPR II, 1912, S. 218 „ergänzende Auslegung"; *Oertmann*, Rechtsordnung und Verkehrssitte, 1914, S. 159 (Neben der Feststellung des Sinnes der eigentlichen Erklärung soll der Auslegung auch noch die Aufgabe einer Ergänzung des erklärten Willens zugewiesen werden.)
19 *Vogenauer* in: HKK, §§ 133, 157 Rn. 90; *Bolze*, ZZP 15 (1890), 415, 417; *Hesse*, 1939, S. 13 f.
20 *Vogenauer* in: HKK, §§ 133, 157 Rn. 90; *Bolze*, ZZP 15 (1890), 415, 417.
21 *Leonhard*, Irrthum I, 1882, S. 229.

1786 findet sich bereits folgende Niederschrift zur Auslegung von Verträgen:

> *„Wenn etwas gänzlich ausgelassen oder äußerst undeutlich gefasset ist, so muß der Contract nach der Hauptabsicht der Partheyen, welche man gemeiniglich im Eingange, auch wohl in der Schluß=Clausul findet, erklähret werden. Ist die Absicht der Partheyen nicht daraus zu nehmen, so müssen zweifelhafte Stellen milde, und nach demjenigen erklähret werden, was die Partheyen wahrscheinlich dabey gedacht haben."*[22]

Der Begriff der ergänzenden Auslegung oder der ergänzenden Vertragsauslegung wird an dieser Stelle noch nicht genannt. Allerdings wird präzise, einem Obersatz gleichkommend, die Kernthematik dargelegt. Der erste ermittelte Beleg für die konkrete Angabe des Terminus „ergänzende Vertragsauslegung" ist die Entscheidung des BGH (II. Zivilsenat) vom 22.04.1953.[23]

---

22 *Claproth*, Verträge und Contracte I, 1786, § 49 S. 100 f.
23 BGHZ 9, 273.

3. Teil: Die ergänzende Vertragsauslegung gemäß § 157 BGB

A. Grundlagen
I. Normzweck

Die Bestimmung des § 157 BGB, welche ebenso wie § 133 BGB normativen und nicht lediglich anleitenden Charakter hat, enthält die zweite Auslegungsregel des BGB.[24] Gemäß § 157 BGB sind Verträge so auszulegen, wie Treu und Glauben mit Rücksicht auf die Verkehrssitte es erfordern. Die Vorschrift hat eine zweifache Funktion. Einerseits ergänzt sie die Regelung des § 133 BGB, welche für die Auslegung von Willenserklärungen gilt.[25] Andererseits bildet § 157 BGB die Grundlage der ergänzenden, d.h. Vertragslücken ausfüllenden Auslegung.[26]

Insofern ist Zweck der ergänzenden Vertragsauslegung, Lücken rechtsgeschäftlicher Regelungen unter Anknüpfung an den im Rechtsgeschäft enthaltenen Regelungsplan zu schließen.[27] Sie versteht den Regelungsplan als Rechtsquelle, aus welcher unter Berücksichtigung von Treu und Glauben sowie der Verkehrssitte Lösungen für offen gebliebene Punkte abgeleitet werden können, um eine zweckgerechte Vertragsdurchführung zu erreichen.[28] So führt der BGH aus, dass bei der ergänzenden Vertragsauslegung darauf abzustellen ist, was die Parteien bei einer angemessenen Abwägung ihrer Interessen nach Treu und Glauben als redliche Vertragspartner vereinbart hätten, wenn sie den von ihnen nicht geregelten Fall bedacht hätten

---

24 *Busche* in MüKo BGB Bd. 1, § 157 Rn. 1; *ders.* in: MüKo BGB Bd. 1, § 133 Rn. 1; *Roth* in: Staudinger, § 157 Rn. 1; *Wolf* in: Soergel, § 157 Rn. 8; *Ellenberger* in: Palandt, § 133 Rn. 1.
25 Vgl. BGH DB 1957, 454, 454; *Armbrüster* in: Erman, § 157 Rn. 1; *Busche* in: MüKo BGB Bd. 1, § 157 Rn. 2.
26 Vgl. BGH DB 1957, 454, 454; *Armbrüster* in: Erman, § 157 Rn. 1; *Busche* in: MüKo BGB Bd. 1, § 157 Rn. 2.
27 RGZ 87, 211, 213; 92, 318, 320; BGHZ 9, 273, 277 f.; 77, 301, 304; *Roth* in: Staudinger, § 157 Rn. 4.
28 BGHZ 9, 273, 277 f.; BGH NJW 1978, 695, 695; *Ellenberger* in: Palandt, § 157 Rn. 2; *Wolf* in: Soergel, § 157 Rn. 103.

(hypothetischer Parteiwille[29]). Dabei sei zunächst an den Vertrag selbst anzuknüpfen. Die darin enthaltenen Regelungen und Wertungen, sein Sinn und Zweck, seien Ausgangspunkt der Vertragsergänzung.[30]

Die ergänzende Vertragsauslegung setzt erst ein, wenn die in Rede stehende Auslegungsfrage nicht durch eigentliche[31] Auslegung zu lösen ist.[32] Aufgabe der eigentlichen Auslegung ist festzustellen, ob ein bestimmtes Verhalten der beteiligten Parteien als Willenserklärung aufzufassen ist und welchen Inhalt sie hat.[33] Folglich kann eine Abgrenzung beider Instrumente dahingehend erfolgen, dass die erläuternde Auslegung den Sinn des wirklich Erklärten ermittelt (tatsächlicher Parteiwille), während die ergänzende Auslegung eine Lücke, mithin das Fehlen einer solchen Erklärung, deren Sinn zu ermitteln ist, voraussetzt.[34]

II. Das Verhältnis der Auslegungsgrundsätze in § 133 und § 157 BGB

Die §§ 133 und 157 BGB bilden die allgemeinen Bestimmungen des BGB über die Auslegung von Willenserklärungen.[35] Nach § 133 BGB ist bei der Auslegung der wirkliche Wille[36] zu erforschen. Gemäß § 157 BGB hingegen sind Verträge so auszulegen, wie Treu und Glauben mit Rücksicht auf die Verkehrssitte es erfordern. § 157 BGB verdeutlicht mithin, dass für die Auslegung eine objektive Bewertung des Verhaltens der Parteien maßgeblich

---

29 BGHZ 9, 273, 278; 127, 138, 142; 137, 153, 157; 164, 286, 292; *Cziupka*, JuS 2009, 103, 104.
30 BGH NJW 1997, 652, 652, 2002, 2310, 2311, NJW-RR 2005, 1619, 1621; Vgl. BGHZ 90, 69, 75; 169, 215, 219; *Wendtland* in: BeckOK BGB, § 157 Rn. 40.
31 Auch einfache oder erläuternde Auslegung genannt.
32 BGH NJW-RR 2009, 593, 594 f.; *Busche* in: MüKo BGB Bd. 1, § 157 Rn. 26; *Wendtland* in: BeckOK BGB, § 157 Rn. 34; *Flume*, AT Bd. II, 1992, § 16 4a S. 323; *Bork*, 2011, Rn. 533.
33 *Ellenberger* in: Palandt, § 157 Rn. 2; *Roth* in: Staudinger, § 157 Rn. 3; *Wendtland* in: BeckOK BGB, § 133 Rn. 17.
34 *Wolf* in: Soergel, § 157 Rn. 107; Vgl. *Armbrüster* in: Erman, § 157 Rn. 5, 15; *Dörner* in: Hk-BGB, § 157 Rn. 3 f.
35 *Wolf* in: Soergel, § 157 Rn. 8; *Ellenberger* in: Palandt, § 133 Rn. 1; *Arnold* in: Erman, § 133 Rn. 2; *Medicus*, AT, 2010, Rn. 319; *Flume*, AT Bd. II, 1992, § 16 3a S. 308.
36 Vgl. 3. Teil A. I. a.E.

sein soll[37], während § 133 BGB auf die Verwirklichung des Parteiwillens (subjektives Element) abstellt.[38]

Angesichts der vorangegangenen Darlegungen stellt sich die Frage nach dem funktionellen Verhältnis[39] beider Normen. In der Literatur herrscht diesbezüglich Uneinigkeit. Eine Abgrenzung stellt auf die jeweiligen Tatbestände ab. Demnach gelte bis zum Zustandekommen eines Vertrages § 133 BGB. Erst wenn dieser geschlossen ist, sei § 157 BGB anzuwenden.[40] Ferner existiert eine Auffassung, die § 133 BGB als grundlegende Auslegungsvorschrift ansieht[41], während ein anderer Teil der Literatur diese Funktion § 157 BGB zuschreibt.[42]

Im Ergebnis zeigt sich jedoch, dass das Einordnen der Vorschriften in eine Rangfolge nicht sachgemäß ist.[43] Nach heutigem Stand soll die Auslegung von Willenserklärungen unter Berücksichtigung beider Normen erfolgen. Die Bestimmungen der §§ 133 und 157 BGB ergänzen sich gegenseitig und bilden gemeinsam die Grundlage für die Auslegung des rechtsgeschäftlich Gewollten.[44] Denn einerseits besteht jeder Vertrag aus zwei aufeinander abgestimmten Willenserklärungen, so dass die Wertungen des § 133 BGB auch bei Verträgen zu berücksichtigen sind.[45][46] Zum anderen sind die in § 157 BGB enthaltenen Kriterien für die Auslegung jedweder Willenserklärung

---

37 BGHZ 16, 71, 76 („objektiver Maßstab"); *Wolf* in: Soergel, § 157 Rn. 9; Vgl. *Looschelders* in: NK-BGB Bd. 1, § 133 Rn. 3; Vgl. *Busche* in: MüKo BGB Bd. 1, § 133 Rn. 17; Vgl. *Roth* in: Staudinger, § 157 Rn. 2.
38 *Vogenauer* in: HKK, §§ 133, 157 Rn. 29; *Wolf* in: Soergel, § 157 Rn. 10; Vgl. *Looschelders* in: NK-BGB Bd. 1, § 133 Rn. 3.
39 *Wolf* in: Soergel, § 157 Rn. 10.
40 *Armbrüster* in: Erman, § 157 Rn. 2.
41 *Siebert* in: Soergel (9. Aufl. 1959), § 157 Rn. 6; *Enneccerus-Nipperdey*, 2. Halbbd., 1960, § 205 I; wohl auch *Stumpf*, FS Nipperdey 1965 Bd. I, 957, 960 ff.
42 *Wolf* in: Soergel, § 157 Rn. 13; Vgl. RGZ 68, 126, 128; 119, 21, 25; 131, 343, 351.
43 So auch *Wolf* in: Soergel, § 157 Rn. 14.
44 *Armbrüster* in: Erman, § 157 Rn. 2; *Wendtland* in: BeckOK BGB, § 157 Rn. 2; *Flume*, AT Bd. II, 1992, § 16 3a S. 308; *Larenz*, 1930, S. 76; *Säcker*, JurA 1971, 509, 517.
45 *Vogenauer* in: HKK, §§ 133, 157 Rn. 31; *Hefermehl* in: Soergel, § 133 Rn. 16; *Looschelders* in: NK-BGB Bd. 1, § 133 Rn. 2.
46 Siehe auch *Wolf* in: Soergel, § 157 Rn. 10: „Da die wichtigsten der für eine Auslegung infrage kommenden Willenserklärungen die vertragsbegründenden

relevant.⁴⁷ Der Anwendungsbereich beider Vorschriften deckt sich somit.⁴⁸ Demnach rechtfertigt sich auch die Handhabe der Rechtsprechung, die regelmäßig beide Normen nebeneinander anführt.⁴⁹ Folglich gilt die Willenserklärung so, wie sie der Erklärungsempfänger nach Treu und Glauben und nach der Verkehrsanschauung verstehen musste.⁵⁰

III. Anwendungsbereich

Den Schwerpunkt der ergänzenden Vertragsauslegung bildet in der Praxis der Schuldvertrag.⁵¹ Aufgrund seiner Orientierung an selbigem war § 157 BGB im ersten Entwurf⁵² im Schuldrecht enthalten⁵³ und wurde erst durch die zweite Kommission in den Allgemeinen Teil eingefügt.⁵⁴ Gleichwohl sind einer ergänzenden Vertragsauslegung Rechtsgeschäfte aller Art zugänglich.⁵⁵ Insbesondere gilt § 157 BGB auch für die Auslegung von einseitigen Rechtsgeschäften.⁵⁶ Soweit jedoch kein einseitiges Rechtsgeschäft vorliegt, kommt für einzelne Willenserklärungen keine ergänzende Auslegung in

---

Erklärungen von Vertragspartnern sind, fordern in den meisten Auslegungsfällen aber beide Bestimmungen von vornherein nebeneinander Anwendung."
47 Vgl. BGHZ 21, 319, 328; 47, 75, 78; *Ahrens* in: P/W/W, § 133 Rn. 2; *Bork*, 2011, Rn. 501.
48 *Ellenberger* in: Palandt, § 157 Rn. 1; *Roth* in: Staudinger, § 157 Rn. 1; *Brinkmann* in: P/W/W, § 157 Rn. 1.
49 Siehe. z.B. RG 128, 241, 245; BGH NJW 1998, 3268, 3268, 3270; 2001, 1859, 1860 f.; 2013, 678, 679; BeckRS 2011, 21186, Rn. 25.
50 *Armbrüster* in: Erman, § 157 Rn. 2.
51 *Roth* in: Staudinger, § 157 Rn. 12; *Flume*, AT Bd. II, 1992, § 16 4a S. 321.
52 *Entwurf eines bürgerlichen Gesetzbuches für das deutsche Reich*: Erste Lesung, III. Inhalt der Schuldverhältnisse aus Verträgen, § 359: „Der Vertrag verpflichtet den Vertragsschließenden zu demjenigen, was sich aus den Bestimmungen und der Natur des Vertrages nach Gesetz und Verkehrssitte sowie mit Rücksicht auf Treue und Glauben als Inhalt seiner Verbindlichkeit ergibt."
53 *Roth* in: Staudinger, § 157 Rn. 12; *Biehl*, JuS 2010, 195, 196.
54 *Mugdan*, Bd. II, 1899, 521 ff.; *Roth* in: Staudinger, § 157 Rn. 12.
55 BGHZ 164, 286, 292; *Busche* in: MüKo BGB Bd. 1, § 157 Rn. 29; *Wendtland* in: BeckOK BGB, § 157 Rn. 2 f.
56 BGHZ 160, 354, 363; BGH NJW 1990, 3206, 3207; *Roth* in: Staudinger, § 157 Rn. 1, 12; *Armbrüster* in: Erman, § 157 Rn. 4; *Enneccerus-Nipperdey*, 2. Halbbd., 1960, § 206 III.

Betracht.[57] Lediglich Lücken eines Rechtsgeschäfts können mit der ergänzenden Auslegung geschlossen werden.[58] § 157 BGB gilt außerdem für empfangsbedürftige Willenserklärungen.[59] Darüber hinaus existieren einige Sonderfälle. § 157 BGB gilt grundsätzlich für die Auslegung formbedürftiger Erklärungen.[60] Allerdings ist stets zu prüfen, ob die ausgelegte Erklärung noch der erforderlichen Form entspricht.[61] Überdies sind auch Ehe- und Erbverträge[62], Tarif-[63], Gesellschafts-[64], sowie Prozessverträge[65] einer ergänzenden Vertragsauslegung generell zugänglich. § 157 BGB ist ferner für die Auslegung von AGB[66] und öffentlich-rechtlichen Verträgen anzuwenden.[67]

B. Die dogmatische Einordnung zum gegenwärtigen Zeitpunkt

Die dogmatische Einordnung der ergänzenden Vertragsauslegung bereitet bislang Schwierigkeiten. Der Grund liegt primär in einer oftmals uneinheitlichen Behandlung innerhalb der Literatur und Rechtsprechung.[68] Umstritten

---

57 BGHZ 181, 47, 52; *Busche* in: MüKo BGB Bd. 1, § 157 Rn. 29; *Roth* in: Staudinger, § 157 Rn. 12.
58 St. Rspr. seit BGHZ 9, 273, 277 f.; 181, 47, 52; *Busche* in: MüKo BGB Bd. 1, § 157 Rn. 29.
59 RGZ 169, 122, 124 f.; BGHZ 47, 75, 78; *Ellenberger* in: Palandt, § 157 Rn. 1; *Wolf* in: Soergel, § 157 Rn. 115.
60 BGHZ 63, 359, 362; OLG Karlsruhe JZ 1982, 860, 861; *Ellenberger* in: Palandt, § 133 Rn. 19, § 157 Rn. 2a; *Looschelders* in: NK-BGB Bd. 1, § 157 Rn. 3.
61 BGH NJW 2000, 1569, 1570; *Looschelders* in: NK-BGB Bd. 1, § 157 Rn. 3, 29; *Busche* in: MüKo BGB Bd. 1, § 157 Rn. 30.
62 BGH NJW 1952, 1330, 1331; BGHZ 22, 364, 366 ff.; BayObLGZ 1964, 6, 11; *Wolf* in: Soergel, § 157 Rn. 115.
63 BAG NJW 1967, 1342, 1342; BB 1959, 1137, 1137; 1974, 786, 786.
64 RGZ 159, 272, 278; BGH NJW 2001, 3777, 3778; NZG 2011, 1420, 1421; *Armbrüster* in: Erman, § 157 Rn. 4.
65 RGZ 159, 254, 256; OLG Hamburg VersR 1982, 341, 341; *Armbrüster* in: Erman, § 157 Rn. 4.
66 BGHZ 90, 69, 80; 92, 363, 370; 103, 228, 264; 137, 153, 157; *Ellenberger* in: Palandt, § 157 Rn. 2a.
67 BFH BB 1982, 41, 41; *Busche* in: MüKo BGB Bd. 1, § 157 Rn. 34; *Looschelders* in: NK-BGB Bd. 1, § 157 Rn. 4.
68 Vgl. zur Diskussion in der Literatur und Rechtsprechung nach 1900 *Vogenauer* in: HKK, §§ 133, 157 Rn. 98 ff.

ist bereits die Frage, ob die ergänzende Auslegung noch als Auslegung einzustufen ist. Ein Teil der Literatur[69] verneint dies, wobei manche gar so weit gehen, das Instrument der ergänzenden Vertragsauslegung vollständig abzulehnen.[70] Gefordert wird eine klare Unterscheidung hinsichtlich Vertragsauslegung und Vertragsergänzung.[71] Beides zu vermischen sei verfehlt. Zwar könne es Grenzfälle geben, doch dürften diese nur die Ausnahme bilden.[72] Die Kritik erfasst hier konkret zwei Fälle. Zum einen solche, in denen eine einfache Vertragsauslegung als ergänzende dargelegt wird[73] sowie den umgekehrten Fall, der noch von Vertragsauslegung spricht, obwohl eine Ergänzung oder Korrektur Gegenstand der Entscheidung ist.[74]

Ein anderer Ansatz beschäftigt sich mit der Frage, ob es bei ergänzender Vertragsauslegung nicht um ein Auslegungsproblem, sondern um eine Regelfestsetzung geht.[75] Aus methodischer Sicht ist das Instrument der Auslegung nur bei Auslegungsbedürftigkeit und Auslegungsfähigkeit eines Vertrages, einer Willenserklärung oder einer Norm anwendbar.[76] Können die in dem Vertrag enthaltenen Erklärungen nicht weiter ausgelegt werden, liegt eine Lücke vor.[77] Doch wird die Auslegung hier bereits als erschöpft und der Anwendungsbereich des § 157 BGB insofern als gesperrt

---

69 *Bierling*, 1911, S. 197 ff.; *Ehricke*, RabelsZ 60 (1996), 661, 669, 671 f.; *Neuner*, FS Canaris 2007 Bd. I, 901, 918 ff.; *Wieacker*, JZ 1967, 385, 390; fraglich nach *Brinkmann* in: P/W/W, § 157 Rn. 15; einschränkend *Flume*, FS 100 Jahre DJT 1960 Bd. I, 135, 197 f.
70 *Wieacker*, JZ 1967, 385, 390; *Wolf/Neuner*, AT, 2012, § 35 Rn. 68; *Neuner*, FS Canaris 2007 Bd. I, 901, 918 („Diese methodologische Kategorie der „ergänzenden Vertragsauslegung" ist ausnahmslos abzulehnen."); a.A. *Roth* in: Staudinger, § 157 Rn. 4.
71 *Neuner*, FS Canaris 2007 Bd. I, 901, 918; *Wolf/Neuner*, AT, 2012, § 35 Rn. 68.
72 *Neuner*, FS Canaris 2007 Bd. I, 901, 918 („Erfordernis einer klaren Distinktion"); einschränkend *Canaris/Grigoleit*, Towards a European civil code, 2004, 445, 466, wonach eine klare Grenze nicht immer gezogen werden kann.
73 *Neuner*, FS Canaris 2007 Bd. I, 901, 918.
74 *Neuner*, FS Canaris 2007 Bd. I, 901, 918.
75 *Ehricke*, RabelsZ 60 (1996), 661, 668; Vgl. *Kilian*, Juristische Methodenlehre, 1976, 271, 285.
76 *Ehricke*, RabelsZ 60 (1996), 661, 668; *Larenz*, Methodenlehre, 1991, S. 300 f.; Vgl. *Bydlinski*, 1991, S. 472 ff.
77 *Ehricke*, RabelsZ 60 (1996), 661, 669; Vgl. *Lüderitz*, 1966, S. 410 f.; Vgl. *Busche* in: MüKo BGB Bd. 1, § 157 Rn. 40; Vgl. *Sonnenberger*, 1969, S. 165.

angesehen.[78] Insoweit bedürfe es einer Lückenfüllung, die eine Ergänzung, mithin die Schaffung eines neuen Regelungselements, darstelle.[79] Dies gehöre jedoch zur richterlichen Rechtsfortbildung, deren Grundlage nicht § 157 BGB sein könne, sondern § 242 BGB.[80]

Eine weitere Ansicht nimmt eine Differenzierung hinsichtlich des zugrunde liegenden Rechtsgeschäftes vor. Danach sollen lediglich atypische Geschäfte nach § 157 BGB ausgelegt werden; typische Geschäfte sind nach § 242 BGB fortzubilden.[81] Dem wird entgegengehalten, dass ein Geschäft meist typische und atypische Elemente enthält und darüber hinaus sowohl § 157 BGB als auch § 242 BGB auf das Tatbestandsmerkmal der Verkehrssitte[82], sowie auf den Grundsatz von Treu und Glauben, verweisen.

Ein anderer Teil[83] spricht sich dafür aus, die ergänzende Vertragsauslegung als Auslegung zu qualifizieren. Die ergänzende Vertragsauslegung habe das Ziel, jedem Rechtsgeschäft seinen individuellen Geltungssinn zu verleihen.[84] Es gehe darum, einen für den konkreten Vertrag maßgeblichen Sinnzusammenhang zu ermitteln[85] und nicht eine allgemeine Regel für alle Rechtsgeschäfte der fraglichen Art aufzustellen.[86] Mithin gilt es nicht eine ergänzende Regelung für einen „solchen", sondern für „diesen" Vertrag

---

78 *Ehricke*, RabelsZ 60 (1996), 661, 669.
79 *Ehricke*, RabelsZ 60 (1996), 661, 669.
80 *Ehricke*, RabelsZ 60 (1996), 661, 669; Vgl. *Mangold*, NJW 1961, 2284, 2286 („Rechtsfindung"); *ders.*, NJW 1962, 1597, 1600.
81 *Sandrock*, 1966, S. 44, 46 ff., 86 f.; kritisch *Sonnenberger*, 1969, S. 124 f.
82 *Armbrüster* in: Erman, § 157 Rn. 15; *Lüderitz*, AcP 171 (1971), 160, 165; *Sonnenberger*, 1969, S. 120 ff., 131, 167.
83 BGHZ 9, 273, 277 f.; 12, 337, 342 f.; BGH BeckRS 1964, 31183593 unter II.; 1969, 31168917 unter I. 2.; *Wolf* in: Soergel, § 157 Rn. 104; *Armbrüster* in: Erman, § 157 Rn. 15; *Roth* in: Staudinger, § 157 Rn. 4; *Larenz*, NJW 1963, 737, 737, 740; *Baier*, NZG 2004, 356, 357.
84 Zuerst *Mayer-Maly* in: MüKo BGB Bd. 1 (3. Aufl. 1993), § 157 Rn. 24; *Busche* in: MüKo BGB Bd. 1, § 157 Rn. 27 ohne konkrete Nachweise.
85 Zuerst *Mayer-Maly* in: MüKo BGB Bd. 1 (3. Aufl. 1993), § 157 Rn. 24; *Busche* in: MüKo BGB Bd. 1, § 157 Rn. 27; *Larenz*, AT (7. Aufl. 1989), § 29 I; Vgl. *Hart*, KritV 1989, 179, 188.
86 Zuerst *Mayer-Maly* in: MüKo BGB Bd. 1 (3. Aufl. 1993), § 157 Rn. 24; *Larenz*, AT (7. Aufl. 1989), § 29 I.

zu finden.[87] Die Einzelfallbetrachtung eines jeden Rechtsgeschäftes wird unterstrichen und dementsprechend auch die Einzelfallbezogenheit der ergänzenden Vertragsauslegung. Aufgabe ergänzender Vertragsauslegung sei gewissermaßen ein „zu Ende denken" des Vertrages.[88] An diesem Punkt setzt abermals die Kritik derjenigen ein, die die ergänzende Vertragsauslegung nicht mehr als Auslegung einordnen. Sie führen an, dass dieses Recht nicht auf die privatautonome Entschließung der Vertragsparteien gestützt werden könne.[89] Ergebe sich nach Auslegung der Willenserklärungen bzw. des Vertrages, dass dieser eine Lücke aufweist, so sei die Lückenauffüllung nicht mehr Vertragsauslegung gemäß § 157 BGB (entgegen st. Rspr.[90])[91], sondern (Vertrags-)Rechtsfortbildung.[92] Somit sei die ergänzende Vertragsauslegung ein Instrument zur Beseitigung unvollkommener Verträge, mit dem ein heteronomes zu Ende denken möglich ist.[93] Bezugspunkt dieser Auslegung seien nicht die subjektiven Vorstellungen der Vertragsparteien, sondern die Ermittlung hypothetischen Vertragssinnes, der sich an heteronomen Gerechtigkeitsvorstellungen orientiert.[94]

---

87 *Roth* in: Staudinger, § 157 Rn. 32; *Armbrüster* in: Erman, § 157 Rn. 20; *Looschelders* in: NK-BGB Bd. 1, § 157 Rn. 23; *Sandrock*, 1966, S. 102; a.A. *Flume*, AT Bd. II, 1992, § 16 4b S. 324; *ders.*, FS 100 Jahre DJT 1960 Bd. I, 135, 197 f. (Eine ergänzende Regelung ist für „einen solchen" Vertrag zu finden).
88 Zuerst *Mayer-Maly* in: MüKo BGB Bd. 1 (3. Aufl. 1993), § 157 Rn. 28; *Roth* in: Staudinger, § 157 Rn. 26; *Larenz*, AT (7. Aufl. 1989), § 29 I; *Henckel*, AcP 159 (1960/61), 106, 108.
89 *Busche* in: MüKo BGB Bd. 1, § 157 Rn. 28 ohne konkrete Nachweise; a.A. wohl *Mayer-Maly* in: MüKo BGB Bd. 1 (3. Aufl. 1993), § 157 Rn. 25.
90 BGHZ 9, 273, 278; 77, 301, 304; 143, 103, 120; BGH NJW 1978, 695, 695; BGH NJW-RR 2008, 562, 563.
91 A.A. im Einklang mit der st. Rspr. auch *Armbrüster* in: Erman, § 157 Rn. 15; *Wolf* in: Soergel, § 157 Rn. 103; Vgl. *Roth* in: Staudinger, § 157 Rn. 4, 15; *Larenz/Wolf*, AT, 2004, § 33 Rn. 9; *Lüderitz*, 1966, S. 393 f.
92 *Ehricke*, RabelsZ 60 (1996), 661, 669; *Mangold*, NJW 1961, 2284, 2286; vermittelnd *Henckel*, AcP 159 (1960/61), 109, 121 f. (sowohl § 157 BGB als auch § 242 BGB als Grundlage der ergänzenden Auslegung); differenzierend *Sandrock*, 1966, S. 44, 46 ff., 86 f. (siehe Fn. 81).
93 *Busche* in: MüKo BGB Bd. 1, § 157 Rn. 28; *Esser/Schmidt*, SchuldR AT I/1, 1995, § 10 I 2; *Säcker*, FS H.P. Westermann 2008, 617, 621 f.; *Hart*, KritV 1986, 211, 226.
94 *Busche* in: MüKo BGB Bd. 1, § 157 Rn. 28.

C. Voraussetzungen

Um eine Lücke im Vertrag im Wege der ergänzenden Vertragsauslegung schließen zu können, müssen einige Grundsätze beachtet werden.

I. Wirksamer Vertrag

Eine ergänzende Vertragsauslegung setzt zunächst das Bestehen eines wirksamen Vertrages voraus.[95] Wurde der Vertrag aufgrund eines offenen Einigungsmangels gemäß § 154 Abs. 1 BGB nicht geschlossen, kann eine Heilung in Form der ergänzenden Vertragsauslegung nicht erfolgen.[96] Vereinbarungen, welche die Parteien im Rahmen von Vertragsverhandlungen treffen, sind demgegenüber im Einzelfall einer ergänzenden Vertragsauslegung zugänglich.[97] Das liegt an dem Wesen des § 157 BGB, der allgemein auch auf Willenserklärungen und Rechtsgeschäfte jeder Art anwendbar ist.[98]

II. Regelungslücke

1. *Begriff und Ausfüllungsbedürftigkeit*

Des Weiteren muss das auszulegende Rechtsgeschäft eine Lücke in einem regelungsbedürftigen Punkt aufweisen.[99] Eine solche durch Auslegung zu schließende (Vertrags-)Lücke liegt vor, wenn der Vertrag innerhalb des durch ihn gesteckten Rahmens oder innerhalb der wirklich gewollten

---

[95] *Wendtland* in: BeckOK, § 157 Rn. 33; *Armbrüster* in: Erman, § 157 Rn. 15; *Roth* in: Staudinger, § 157 Rn. 12; *Looschelders* in: NK-BGB Bd. 1, § 157 Rn. 17.

[96] BGH NJW-RR 2006, 1139, 1141; *Wolf* in: Soergel, § 157 Rn. 23; *Armbrüster* in: Erman, § 157 Rn. 15; *Roth* in: Staudinger, § 157 Rn. 12; a.A. *Schmidt*, JZ 1980, 153, 158.

[97] BGH NJW 1980, 1681, 1682 (für den Fall eines Haftungsausschlusses); *Ellenberger* in: Palandt, § 157 Rn. 2a; *Wendtland* in: BeckOK BGB, § 157 Rn. 33; kritisch *Wolf* in: Soergel, § 157 Rn. 116; *Busche* in: MüKo BGB Bd. 1, § 157 Rn. 26.

[98] BGHZ 164, 286, 292; *Wendtland* in: BeckOK BGB, §157 Rn. 2, 33; *Busche* in: MüKo BGB Bd. 1, § 157 Rn. 29; *Ahrens* in: P/W/W, § 133 Rn. 2.

[99] RGZ 87, 211, 213; BGHZ 9, 273, 277 f.; 23, 282, 285; 40, 91, 103; 127, 138, 142; *Wolf* in: Soergel, § 157 Rn. 123; *Roth* in: Staudinger, § 157 Rn. 15.

Vereinbarungen ergänzungsbedürftig ist.[100] Zuweilen werden die Begriffe Vertragslücke und Regelungslücke synonym verwendet.[101] In jedem Fall meint die Lücke eine planwidrige Unvollständigkeit.[102] In einem Urteil des BGH[103] aus dem Jahre 2012 wird eine solche planwidrige Regelungslücke etwa wie folgt beschrieben: Die Parteien haben einen Punkt übersehen oder bewusst offen gelassen, weil sie ihn im Zeitpunkt des Vertragsschlusses für nicht regelungsbedürftig gehalten haben. Diese Annahme stellt sich im Nachhinein aber als unzutreffend heraus.[104] Eine planwidrige Unvollständigkeit liegt nur vor, wenn dem Vertrag eine Bestimmung fehlt, die erforderlich ist, um den ihm zu Grunde liegenden Regelungsplan zu verwirklichen und folglich ohne ein solches Vervollständigen des Vertrages eine interessengerechte Lösung nicht möglich wäre.[105] Hieraus ergibt sich mithin als weitere Voraussetzung die Ausfüllungsbedürftigkeit der Lücke, d.h. es muss feststehen, dass ohne das Schließen der Lücke das Erreichen des Vertragszwecks gefährdet ist.[106] Ähnlich lautet die Formulierung, wonach eine Lücke vorliegt, wenn sich eine regelungsbedürftige Situation einstellt, die vom objektiven Regelungsinhalt des Rechtsgeschäftes nicht mehr erfasst wird.[107] Folglich wird jeweils der tatsächlich geschaffene Erklärungstatbestand, der sich nach Ausschöpfung aller Auslegungsmöglichkeiten ergibt,

---

100 BGHZ 40, 91, 103; 77, 301, 304; BGH NJW 1985, 2581, 2582; BeckRS 1960, 31190859 unter 9.
101 BGHZ 170, 311, 322 f.; 181, 47, 60; BGH NJW 2013, 678, 679 f.; NJW-RR 2008, 562, 563.
102 BGHZ 127, 138, 142; BGH NJW 1997, 652, 652; NJW-RR 1991, 176, 177; *Roth* in: Staudinger, § 157 Rn. 15.
103 BGH NJW 2013, 678, 679.
104 BGH NJW 2013, 678, 679.
105 BGHZ 77, 301, 304; 170, 311, 322 f.; BGH NJW 2001, 600, 602; 2004, 1873, 1873.
106 BGHZ 9, 273, 277 f.; 16, 71, 76; *Roth* in: Staudinger, § 157 Rn. 15; *Busche* in: MüKo BGB Bd. 1, § 157 Rn. 44; *Larenz*, NJW 1963, 737, 738; *Cziupka*, JuS 2009, 103, 104.
107 *Henckel*, AcP 159 (1960/61), 106, 115; Vgl. *Ehricke*, RabelsZ 60 (1996), 661, 673; ferner *Rummel*, 1972, S. 70; *Schlosshauer-Selbach* JZ 1982, 860, 863.

mit einem auf die Rechtswirklichkeit bezogenen, als vollständig und richtig empfundenen Regelungsgefüge verglichen.[108]

2. Vorrangregeln

Die Feststellung über das Vorliegen einer Lücke erfolgt erst dann, wenn die eigentliche Auslegung ohne Ergebnis geblieben ist.[109] Fraglich ist jedoch, ob bereits von einer Lücke gesprochen werden kann, wenn in einem Vertrag ein Punkt offengeblieben ist[110] oder ob eine weitere Voraussetzung zu erfüllen ist. Gemeint ist, ob für die Annahme einer Vertragslücke darauf abzustellen ist, ob sich auch aus dem dispositiven Recht keine entsprechende Regelung ergibt. Das kann zwei Gründe haben. Zum einen kann auch das Gesetz eine Lücke aufweisen, so dass für die Ausfüllung einer entsprechenden vertraglichen Regelung kein geeignetes dispositives Recht vorhanden ist. Zum anderen ist denkbar, dass die Parteien – etwa im Hinblick auf den vereinbarten Vertragszweck – die Anwendung des vorhandenen dispositiven Rechts nicht wünschen.[111] Rechtsprechung[112] und Literatur[113] haben sich im Laufe der Zeit immer stärker für einen Vorrang des dispositiven Rechts ausgesprochen. Demnach kommt eine ergänzende Vertragsauslegung nur in Betracht, wenn kein dispositives Recht zur Lückenfüllung vorhanden ist. Diese Regelung unterliegt jedoch insoweit einer Ausnahme, als das Kriterium der Typizität des Rechtsgeschäfts zu beachten ist.[114] Je mehr sich das Rechtsgeschäft einem gesetzlich geregelten Typenvertrag annähert, desto näher liegt die Anwendung des vorhandenen dispositiven Rechts. Je weiter sich das Rechtsgeschäft von gesetzlich geregelten Typen entfernt, desto

---

108 *Busche* in: MüKo BGB Bd. 1, § 157 Rn. 40; *Schäfer/Ott*, 2012, S. 458; Vgl. *Sonnenberger*, 1969, S. 165.
109 BGH NJW-RR 2009, 593, 594 f.; *Roth* in: Staudinger, § 157 Rn. 5; *Wendtland* in: BeckOK BGB, § 157 Rn. 34; *Flume*, AT Bd. II, 1992, § 16 4a S. 323.
110 Verneinend *Wolf* in: Soergel, § 157 Rn. 124; *Roth* in: Staudinger, §157 Rn. 15.
111 BGH NJW 1975, 1116, 1117; NJW-RR 1990, 817, 818 f.; BAG BB 1980, 580, 581; *Roth* in: Staudinger, § 157 Rn. 24.
112 BGHZ 40, 91, 103; 77, 301, 304; 90, 69, 75; BGH NJW 1975, 1116, 1117.
113 *Ellenberger* in: Palandt, § 157 Rn. 4; *Henckel*, AcP 159 (1960/61), 109, 121, 122 f.; *Ehricke*, RabelsZ 60 (1996), 661, 679; *Hart*, KritV 1989, 179, 187 f.; *Pilz*, 1963, S. 26, 91 ff.
114 *Vogenauer* in: HKK, §§ 133, 157 Rn. 101; *Roth* in: Staudinger, § 157 Rn. 23.

näher liegen die Anwendungsmöglichkeiten der ergänzenden Vertragsauslegung.[115] Doch gilt auch diese „Formel" nicht uneingeschränkt.[116]

3. Die Lücke als Scheinproblem?

Bisweilen wird die Lehre von der Vertragslücke vereinzelt[117] als Scheinproblem bezeichnet. Die andere Ansicht erkennt zwar die Kritik an dem unscharfen und teilweise verwirrenden Begriff an, meint aber sie verkenne die begrenzende Funktion der Regelungslücke.[118] Diese verhindere etwa einen richterlichen Eingriff aus reinen Billigkeitsgründen. Zudem würden durch sie die Grenzen der einfachen Auslegung aufgezeigt und diese so vor Fiktionen bewahrt.[119] Wesentlich sei auch der Qualitätsunterschied gegenüber der Ausgangssituation der einfachen Auslegung. Demzufolge macht der Begriff der Regelungslücke deutlich, dass ein zweiter, anders konzipierter Deutungsversuch einsetzt, nachdem der erste zu keinem voll befriedigenden Ergebnis geführt hat.[120]

4. Mögliche Arten von Lücken

a. Anfängliche und nachträgliche Lücken

Eine durch ergänzende Vertragsauslegung zu schließende Vertragslücke kann von Anfang an bestanden haben oder erst im Nachhinein durch eine Änderung rechtlicher oder tatsächlicher Verhältnisse, welche die Parteien nicht bedacht haben, entstehen.[121]

---

115 *Roth* in: Staudinger, § 157 Rn. 23; *Wolf* in: Soergel, § 157 Rn. 113; zuvor bereits *Mayer-Maly* in: MüKo BGB Bd. 1 (3. Aufl. 1993), § 157 Rn. 26, 37; *Mansel* in: Jauernig, § 157 Rn. 3; *Flume*, AT Bd. II, 1992, § 16 4b S. 325; *Larenz*, NJW 1963, 737, 741.
116 Zur weiteren Diskussion Vgl. im Folgenden 4. Teil A.
117 *Lüderitz*, 1966, S. 410; *Sonnenberger*, 1969, S. 165.
118 *Roth* in: Staudinger, § 157 Rn. 15; *Wolf* in: Soergel, § 157 Rn. 124; *Busche* in: MüKo BGB Bd. 1, § 157 Rn. 38.
119 *Roth* in: Staudinger, § 157 Rn. 15; *Busche* in: MüKo BGB Bd. 1, § 157 Rn. 38; Vgl. *Wolf* in: Soergel, § 157 Rn. 124.
120 *Busche* in: MüKo BGB Bd. 1, § 157 Rn. 38.
121 RGZ 164, 196, 202; BGHZ 84, 1, 7; 123, 281, 285; 169, 215, 218 f.; BGH NJW 1981, 219, 220; NJW-RR 1994, 1163, 1164; 2009, 637, 638; *Roth* in:

aa. Maßgeblicher Zeitpunkt für die Lückenfüllung

Streitig ist, ob für die Lückenschließung die Verhältnisse zur Zeit des Vertragsabschlusses[122] oder die der Gegenwart (zum Zeitpunkt der Auslegung) maßgeblich sind.[123] Jene, die sich für Letzteres aussprechen, sehen zwar als Ausgangspunkt das Geschäft, wie es bei Vertragsschluss war und stellen somit auf den Vertragswillen zum Zeitpunkt des Vertragsschlusses ab.[124] Die ergänzende Vertragsauslegung aber sei ex nunc vorzunehmen.[125] Mithin ist eine nachträglich für ein Geschäft entstandene Verkehrssitte zu berücksichtigen. Zudem ist auf Rechtsanschauungen im Zeitpunkt der ergänzenden Auslegung abzustellen.[126] Gemäß dieser Ansicht muss die Lücke stets innerhalb des gegebenen gesetzlichen Rahmens beurteilt werden.[127] Hier wird eine Parallele zur Gesetzesauslegung konstruiert, bei der die zu entscheidende Frage ebenfalls eine aktuelle, in die Gegenwartsperspektive einzubettende Frage sei.[128] Die Gegenansicht meint jedoch, der Richter dürfe den Sachverhalt nicht von seinem Standpunkt aus ex post beurteilen. Er habe sich vielmehr in die Lage der Beteiligten bei Vornahme des Rechtsgeschäfts zu versetzen (ex tunc).[129] Auch der Grundsatz ‚pacta

---

Staudinger, § 157 Rn. 16; *Armbrüster* in: Erman, § 157 Rn. 17; *Wendtland* in: BeckOK BGB, § 157 Rn. 36.
122 BGHZ 123, 281, 285 f.; BGH NJW-RR 2008, 562, 563; *Ellenberger* in: Palandt, § 157 Rn. 7; *Busche* in: MüKo BGB Bd. 1, § 157 Rn. 23; *Roth* in: Staudinger, § 157 Rn. 16, 34; *Armbrüster* in: Erman, § 157 Rn. 30; *Looschelders* in: NK-BGB Bd. 1, § 157 Rn. 24; *Cziupka*, JuS 2009, 103, 105.
123 BGHZ 12, 337, 343; 23, 282, 285; *Wolf* in: Soergel, § 157 Rn. 132; *Mansel* in: Jauernig, § 157 Rn. 4; *Flume*, AT Bd. II, 1992, § 16 4c S. 326.
124 Vgl. BGHZ 23, 282, 285; *Flume*, AT Bd. II, 1992, § 16 4c S. 326; *Wolf* in: Soergel, § 157 Rn. 132.
125 BGHZ 12, 337, 343; 23, 282, 285; *Flume*, AT Bd. II, 1992, § 16 4c S. 326; *Wolf* in: Soergel, § 157 Rn. 132.
126 Vgl. BGHZ 23, 282, 286 („… ‚oder die nach § 157 BGB auch für die ergänzende Vertragsauslegung gebotene Anwendung von Treu und Glauben muss dazu führen, der veränderten Rechtsanschauung Rechnung zu tragen."); *Wolf* in: Soergel, § 157 Rn. 132; *Flume*, AT Bd. II, 1992, § 16 4c S. 326;
127 Vgl. BGHZ 134, 60, 65; BAG NJW 2008, 872, 875; *Mansel* in: Jauernig, § 157 Rn. 4.
128 *Schimmel*, JA 2001, 339, 342.
129 Vgl. BGH BeckRS 1974, 31125969 unter II. 2. b) bb); *Roth* in: Staudinger, § 157 Rn. 34; *Wolf/Neuner*, AT, 2012, § 35 Rn. 66; *Medicus*, AT, 2010, Rn. 344 a.E.

sunt servanda' spreche dafür, nach Vertragsschluss eingetretene Umstände (vorbehaltlich des § 313 BGB) nur insoweit zu berücksichtigen, als sie zu einer einvernehmlichen Vertragsanpassung durch die Parteien führen können.[130] Nachträglich entstandene Verkehrssitten sind demnach nicht berücksichtigungsfähig und es sind die Rechtsanschauungen, welche im Zeitpunkt des Vertragsabschlusses vorherrschen, zu beachten.[131] Das nachträglich eingetretene Ereignis soll jedoch nicht außer Betracht gelassen werden; nachträglich geschaffenes dispositives Recht ist aufgrund seines Geltungsvorrangs stets zu respektieren.[132] Eine Ansicht differenziert überdies zwischen der Änderung der auslegungsrelevanten Umstände einerseits und der Änderung des Wertmaßstabes „Treu und Glauben" andererseits.[133] Im Ergebnis wird jedoch in beiden Fällen der Auslegung zum Zeitpunkt des Vertragsschlusses der Vorzug gewährt[134], so dass sich durch die Differenzierung keine nennenswerte Besonderheit ergibt.

Die Entscheidungspraxis des BGH ist ihrerseits ebenfalls nicht gänzlich stringent.[135][136] Indes überwiegen jedoch die Entscheidungen zugunsten einer Auslegung unter Berücksichtigung der Verhältnisse zur Zeit des Vertragsschlusses. Die Fälle, in denen der BGH für die Auslegung auf den gegenwärtigen Zeitpunkt abstellte, bewegten sich in einem Bereich mit gravierenden Veränderungen politischer Rahmenbedingungen.[137]

---

130 *Armbrüster* in: Erman, § 157 Rn. 30.
131 *Roth* in: Staudinger, § 157 Rn. 34; *Busche* in: MüKo BGB Bd. 1, § 157 Rn. 23, 50; *Armbrüster* in: Erman, § 157 Rn. 30; *Sonnenberger*, 1969, S. 204.
132 RGZ 164, 196, 202; BGH BeckRS 1969, 31168917 unter II. 2.; *Roth* in: Staudinger, § 157 Rn. 34; *Looschelders* in: NK-BGB Bd. 1, § 157 Rn. 24; *Brinkmann* in: P/W/W, § 157 Rn. 27.
133 *Armbrüster* in: Erman, § 157 Rn. 30, 31.
134 *Armbrüster* in: Erman, § 157 Rn. 31.
135 Zeitpunkt des Vertragsabschlusses maßgeblich: BGHZ 81, 135, 141; 123, 281, 285 f.; 164, 297, 317; BGH NJW-RR 2008, 562, 563; OLG Schleswig NJW-RR 2008, 1705, 1706.
136 Gegenwärtiger Zeitpunkt maßgeblich: BGHZ 12, 337, 343; 23, 282, 285.
137 BGHZ 12, 337, 343; 23, 282, 285 (Zusammenbruch der NS-Herrschaft); Vgl. auch *Looschelders* in: NK-BGB Bd. 1, § 157 Rn. 24; *Busche* in: MüKo BGB Bd. 1, § 157 Rn. 50.

bb. Entscheidungsfindung

Auf Basis des Gesagten ist eine eindeutige Entscheidung zugunsten einer der beiden Ansichten schwierig. Der maßgebende Zeitpunkt kann nicht pauschal bestimmt werden, sondern erfordert eine komplexere Lösung auf mehreren Ebenen. Ein so entstehendes Modell kann als Grundlage für jede Entscheidung dienen. Auf diese Weise würde im Übrigen dem Umstand Rechnung getragen, dass die ergänzende Vertragsauslegung eine stets einzelfallbezogene Entscheidung verlangt. Wird demnach eine Lücke festgestellt, sollte mit Bezug auf den konkreten Vertragsinhalt zunächst gefragt werden, was die Absicht der Parteien bei Vertragsschluss war (1. Ebene, Betrachtungsweise ex tunc). Auf der zweiten Ebene sollte untersucht werden, ob sich die Interessen der Beteiligten im Laufe der Zeit (bis zum Zeitpunkt, in dem die Lückenschließung erfolgen soll) weiterentwickelt haben (2. Ebene, Betrachtungsweise ex nunc). Möglicherweise sind Ereignisse eingetreten, die Auswirkungen auf die Interessen der Parteien haben. Ferner kann sich die Rechtsprechung im Laufe der Zeit verändert haben. Denkbar ist darüber hinaus, dass neue gesetzliche Regelungen geschaffen wurden, die eine Anpassung des betreffenden Sachverhalts verlangen. Die Vertragspraxis zum vergangenen und gegenwärtigen Zeitpunkt sollte ebenfalls Berücksichtigung finden. Auf Basis dessen ist anschließend zu entscheiden, ob ex tunc oder ex nunc ergänzend ausgelegt wird, ob mithin Gründe überwiegen, die eine Lückenfüllung unter Berücksichtigung der Verhältnisse zur Zeit des Vertragsschlusses nahelegen oder ob Gründe überwiegen, die die Verhältnisse der Gegenwart maßgeblich erscheinen lassen (3. Ebene). Dementsprechend sind Verkehrssitten, Rechtsanschauungen und Gepflogenheiten zugrunde zu legen. Neu geschaffenes dispositives Recht genießt jedoch stets Geltungsvorrang.

Anschaulich dargestellt könnte das Modell wie folgt aussehen:

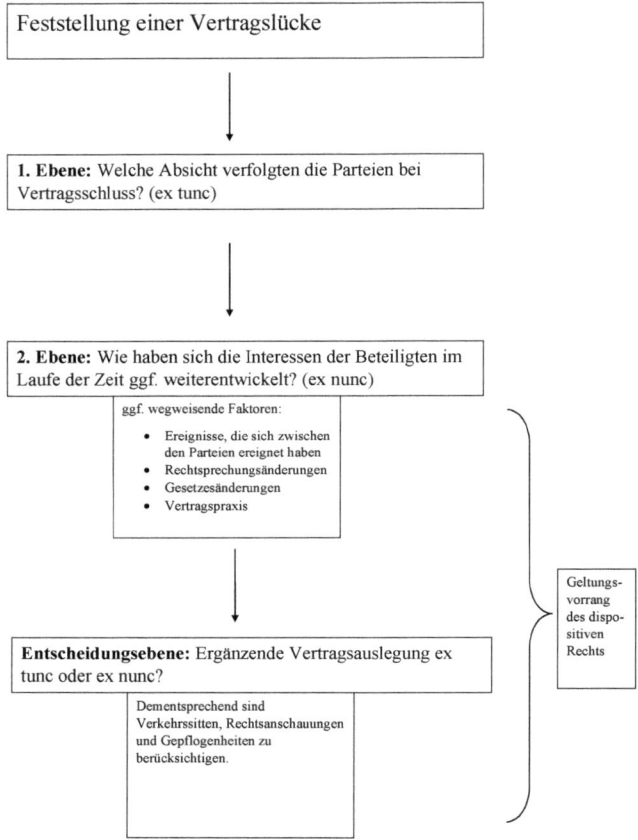

b. Bewusste und unbewusste Lücken

Eine ergänzende Vertragsauslegung ist sowohl für eine versehentlich unterlassene vertragliche Regelung (unbewusste Lücke)[138] als auch für eine

---

138 BGH NJW-RR 2006, 699, 699; BeckRS 1967, 31177699 unter II. 2. a.; *Busche* in: MüKo BGB Bd. 1, § 157 Rn. 42; *Ellenberger* in: Palandt, § 157 Rn. 3; *Looschelders* in: NK-BGB Bd. 1, § 157 Rn. 19.

bewusste Lücke möglich.¹³⁹ Insofern wird in der Literatur angemerkt, die erforderliche Regelungslücke nicht stets i.S. einer planwidrigen Unvollständigkeit zu definieren.¹⁴⁰ ¹⁴¹ Eine bewusste Lücke liegt vor, wenn den Parteien ein regelungsbedürftiger Punkt bekannt war, sie ihn aber dennoch nicht geregelt haben, in dem Glauben später noch eine Einigung erzielen zu können.¹⁴² Insbesondere ist daher eine ergänzende Vertragsauslegung eines Rahmenvertrages möglich, wenn die Parteien irrtümlich davon ausgingen, eine vorhandene Lücke werde sich füllen lassen, wenn auch die übrigen Vertragseinzelheiten festgelegt werden.¹⁴³ Ebenfalls denkbar ist der Fall, dass die Parteien keine ausdrückliche Regelung getroffen haben, weil sie eine Einigung als selbstverständlich angesehen haben.¹⁴⁴ Infolgedessen wird unlängst formuliert, dass eine Regelungslücke besteht, wenn ein Punkt bewusst offen gelassen wurde, weil die Parteien ihn zur Zeit des Vertragsschlusses nicht als regelungsbedürftig angesehen haben, diese Annahme sich später jedoch als verfehlt herausgestellt hat.¹⁴⁵ Bei einer bewussten Lücke ist indes stets zu bedenken, ob die Parteien sich nicht bewusst für eine bestimmte Lösung entschieden haben, die getroffene Regelung mithin abschließend sein soll und eine ergänzende Vertragsauslegung daher ausscheidet.¹⁴⁶

---

139 BGH NJW 1982, 2816, 2817; BeckRS 1967, 31177699 unter II. 2. a.; *Ellenberger* in: Palandt, § 157 Rn. 3; *Looschelders* in: NK-BGB Bd. 1, § 157 Rn. 19; a. A. BGH NJW 1965, 1960, 1960.
140 *Roth* in: Staudinger, § 157 Rn. 15; *Mansel* in: Jauernig, § 157 Rn. 2.
141 So aber z.B. BGHZ 127, 138, 142; BGH NJW 2002, 2310, 2310; 2009, 1348, 1349; NJW-RR 1990, 817, 818.
142 BGH NJW 1975, 1116, 1117; BeckRS 1967, 31177699 unter II. 2.; *Busche* in: MüKo BGB Bd. 1, § 157 Rn. 42; *Wolf* in: Soergel, § 157 Rn. 123.
143 BGH NJW 1975, 1116, 1117; BeckRS 1967, 31177699 unter II. 2.; *Roth* in: Staudinger, § 157 Rn. 17; a.A. BGH NJW 1965, 1960, 1960 (II. Zivilsenat), wonach eine Lücke nur dann vorliegt, wenn die Vertragsschließenden eine Regelung für einen bestimmten Fall *versehentlich* unterlassen haben.
144 BGH BeckRS 1969, 31181509 unter II. 2. c); WM 1979, 889, 891; *Roth* in: Staudinger, § 157 Rn. 17.
145 BGH NJW 2002, 2310, 2310; NJW-RR 2005, 1619, 1621; *Roth* in: Staudinger, § 157 Rn 17.
146 BGHZ 23, 53, 55; 111, 110, 115; BGH NJW 2009, 1348, 1349.

c. Lücke wegen Wegfall von Vereinbarungen

Gemäß heute herrschender Ansicht kann sich eine Lücke auch aus der Unwirksamkeit einer Vertragsbestimmung ergeben.[147] Mithin ist der Grund einer Unvollständigkeit nicht immer im Willen oder in einer Erklärung der Vertragsparteien zu finden.[148]

d. Begrenzende Funktion des Tatbestandsmerkmals der Lücke

Das Erfordernis der Lücke hat begrenzende Funktion und soll verhindern, dass die ergänzende Vertragsauslegung zu einer richterlichen Änderung oder Erweiterung eines Rechtsgeschäfts aufgrund allgemeiner Billigkeitserwägungen missbraucht wird.[149] Daher liegt etwa keine Lücke vor, wenn sich die Parteien bewusst entschieden haben (negative Entscheidung), den Vertrag lückenhaft zu lassen.[150] Es sollte schlicht kein vollständiger Vertrag geschaffen werden. Der Rechtsanwender ist in einem solchen Fall nicht befugt, entgegen der Entscheidung der Parteien, den Vertrag heteronom zu Ende zu denken.[151] Insoweit ist es jedoch widersprüchlich, wenn – nach den Formulierungen der Rechtsprechung – unerheblich ist aus welchen Gründen die Parteien einen regelungsbedürftigen Punkt offengelassen haben.[152]

---

147 BGHZ 60, 353, 362; 63, 132, 135 f.; 90, 69, 74; BGH NJW 2006, 2978, 2979 f.; NJW-RR 2005, 1619, 1621; *Wolf* in: Soergel, § 157 Rn. 123; *Wendtland* in: BeckOK BGB, § 157 Rn. 36; *Armbrüster* in: Erman, § 157 Rn. 18; *Neuner*, FS Canaris 2007 Bd. I, 901, 913.
148 *Roth* in: Staudinger, § 157 Rn. 18; *Ellenberger* in: Palandt, § 157 Rn. 3; *Busche* in: MüKo BGB Bd. 1, § 157 Rn. 41; *Brinkmann* in: P/W/W, § 157 Rn. 23; a.A. zuvor *Dilcher* in: Staudinger (12. Aufl. 1980), §§ 133, 157 Rn. 40; *Ehricke*, RabelsZ 60 (1996), 661, 677; *Sonnenberger*, 1969, S. 158 f.
149 Vgl. BGH NJW 2004, 1873, 1873; *Wolf* in: Soergel, § 157 Rn. 124; *Roth* in: Staudinger, § 157 Rn. 19; *Sienz/Vogel*, NJW 2009, 2448, 2448.
150 BGH NJW 1985, 1835, 1836; 1990, 1723, 1724; 2002, 1260, 1262; BeckRS 1965, 31169272 unter II. 2.; *Wolf* in: Soergel, § 157 Rn. 124; *Busche* in: MüKo BGB Bd. 1, § 157 Rn. 43.
151 BGH NJW 1985, 1835, 1836; 1990, 1723, 1724 f.; 2002, 1260, 1262; *Busche* in: MüKo BGB Bd. 1, § 157 Rn. 43; *Looschelders* in: NK-BGB Bd. 1, § 157 Rn. 19; *Ehricke*, RabelsZ 60 (1996), 661, 675; *Larenz*, NJW 1963, 737, 738.
152 Mit dieser Formulierung BGH NJW 1981, 219, 220; NJW-RR 1989, 1490, 1491; 1995, 1360, 1360; BeckRS 1975, 31115655 unter I. 1. b.; *Mayer-Maly* in: MüKo BGB Bd. 1 (3. Aufl. 1993), § 157 Rn. 31; Bedenken *Ehricke*,

III. Zwischenergebnis

Infolgedessen ergeben sich fünf Voraussetzungen, die zu erfüllen sind, um eine Lücke im Vertrag im Wege der ergänzenden Vertragsauslegung schließen zu können. Zunächst müssen die Parteien einen wirksamen Vertrag geschlossen haben.[153] Diese Vereinbarung muss eine Regelungslücke aufweisen[154], die sich auch als ausfüllungsbedürftig erweist.[155] Die eigentliche Auslegung, welche der ergänzenden Auslegung vorgeht[156], hat zu keinem (befriedigenden) Ergebnis geführt.[157] Zudem ergibt sich kein Vorrang des dispositiven Rechts.[158]

RabelsZ 60 (1996), 661, 674 ff.; zweifelnd *Busche* in: MüKo BGB Bd. 1, § 157 Rn. 43.
153 Vgl. 3. Teil C. I.
154 Vgl. 3. Teil C. II.
155 Vgl. 3. Teil C. II. 1., S. 12 f.
156 Vgl. 3. Teil A. I.
157 Vgl. 3. Teil A. I.; C. II. 2., S. 13.
158 Vgl. 3. Teil C. II. 2., S. 13.

4. Teil: Die ergänzende Vertragsauslegung in der praktischen Umsetzung – Analyse der Rechtsprechung und Literaturmeinungen

Der nachfolgende Abschnitt dient dazu, die theoretischen Züge der ergänzenden Vertragsauslegung hinsichtlich ihrer praktischen Handhabung und möglichen Umsetzung zu untersuchen. Die höchstrichterliche Spruchpraxis sowie die Meinungen der Literatur fungieren weitgehend als Grundlage der Analyse. Aufgrund der Vielzahl der ergangenen Entscheidungen ist es vorliegend jedoch nur möglich, einen Teil dieser zum Gegenstand der Untersuchung zu machen.

A. Dispositives Recht

Zunächst ist die Position des dispositiven Rechts im Rahmen der ergänzenden Vertragsauslegung differenziert zu ergründen.

I. Funktion

Haben die Vertragsparteien einen oder mehrere Punkte des Vertrages nicht geregelt, wird angenommen, dass sie die Lückenausfüllung dem dispositiven Gesetzesrecht überlassen wollen.[159] Das ist solange möglich, wie das Gesetz entsprechende ergänzende Regelungen bereithält. Dieser Grundsatz wurde in der Vergangenheit mehrfach durch die Rechtsprechung bestätigt, so dass dem dispositiven Recht die Funktion zukommen soll, die Parteien von der Vorsorge für alle möglichen Komplikationen innerhalb ihrer Vertragsbeziehung zu entlasten.[160] Am 19.03.1975 urteilte der VIII. Zivilsenat

---

159 *Roth* in: Staudinger, § 157 Rn. 15; *Wendtland* in: BeckOK BGB, § 157 Rn. 38; *Busche* in: MüKo BGB Bd. 1, § 157 Rn. 45; *Piper* in: RGRK Bd. I, § 157 Rn. 101.
160 BGHZ 40, 91, 103; 77, 301, 304; BGH NJW 1975, 1116, 1117; 1982, 2190, 2191; 2010, 1135, 1136; *Wendtland* in: BeckOK BGB, § 157 Rn. 38; *Kötz*, 2015, S. 148 f.; Vgl. *Wolf* in: Soergel, § 157 Rn. 24.

jedoch, dass dieser Grundsatz nicht gilt, wenn feststeht, dass die Parteien die gesetzliche Regelung nicht wollen.[161] Damit ist nicht das ausdrückliche oder konkludente Abbedingen des dispositiven Rechts durch erklärten Parteiwillen gemeint, sondern das die Norm des dispositiven Rechts zu einem Ergebnis führen würde, welches mit dem Ziel der Parteien nicht im Einklang steht. Zugrunde lag der Rechtsstreit zweier Parteien, die einen langfristigen Vertrag vereinbart hatten, ohne die Vertragsdauer konkret zu bestimmen. Durch den Vertrag entstanden der Beklagten beträchtliche Kosten. Bereits nach einem halben Jahr kündigte der Kläger den Vertrag mit einer einmonatigen Frist. Da es sich um einen unbefristeten Vertrag handelte, sollte grundsätzlich § 89 Abs. 1 HGB zur Anwendung kommen, so dass die Kündigungsfrist von einem Monat sachgemäß wäre.[162] Allerdings sind die Umstände zu beachten, insbesondere die Tatsache, dass der Vertrag enorme Investitionen für die Beklagte mit sich gebracht hat.[163] Unter Berücksichtigung von § 89 Abs. 2 HGB, welcher abweichende, längere Kündigungsfristen erlaubt, war die Vereinbarung der Parteien hier um eine angemessene, § 89 Abs. 1 HGB abbedingende Kündigungsklausel im Wege ergänzender Vertragsauslegung zu ergänzen.[164]

Solange die Parteien mithin keine gegenteiligen Vereinbarungen treffen, hat das dispositive Recht die Funktion, die Parteien von der Vereinbarung vollständiger Verträge zu entbinden, da es eine Ausfallposition bereithält.

II. Vorrangstellung des dispositiven Rechts?

1. Historischer Abriss

Die historische Betrachtung belegt, dass es im Laufe der Zeit zu Veränderungen bezüglich des Rangs des dispositiven Rechts gekommen ist. Im 19. und zu Beginn des 20. Jahrhunderts beanspruchte die ergänzende Auslegung noch Vorrang vor der Anwendung und Fortbildung des

---

161 BGH NJW 1975, 1116, 1116, 1117.
162 Siehe auch *Bork*, 2011, Rn. 536.
163 BGH NJW 1975, 1116, 1116; *Bork*, 2011, Rn. 536.
164 BGH NJW 1975, 1116, 1117; *Roth* in: Staudinger, § 157 Rn. 25; *Armbrüster* in: Erman, § 157 Rn. 19; *Bork*, 2011, Rn. 536.

dispositiven Rechts.[165] In der Folge mehrten sich indes Vorwürfe, ergänzende Vertragsauslegung und richterliche Rechtsfortbildung würden miteinander vermischt[166] und man befürchtete, das dispositive Recht könne obsolet werden.[167] Das führte Mitte des 20. Jahrhunderts zu einem Meinungsumschwung, demzufolge die ergänzende Vertragsauslegung ihre Grenze dort hat, wo vorhandene Lücken durch dispositive Normen geschlossen werden können, da die Lücken in diesem Falle nicht ausfüllungsbedürftig sind.[168]

2. Typizität des Rechtsgeschäfts

Die bereits erwähnte Formel[169], welche für die Anwendbarkeit des dispositiven Rechts auf die Typizität des Rechtsgeschäfts abstellt, ist im Folgenden differenzierter zu betrachten.

a. Gesetzestypische Verträge

Soweit ein Vertrag gesetzestypische Züge aufweist, sollen für die Lückenfüllung die dispositiven Normen der entsprechenden Vertragstypen Anwendung finden.[170] Entsprechende Belege liefern einige höchstrichterliche Entscheidungen.[171]

In der Entscheidung des VII. Zivilsenats[172] vom 24.06.1982 hatten die Beklagten (Grundeigentümer) den Kläger (Architekt) 1961 mit

---

165 RGZ 5, 146, 149; 131, 343, 351; *Vogenauer* in: HKK, §§ 133, 157 Rn. 101; zuvor bereits *Siebert* in: Soergel (9. Aufl. 1959), § 157 Rn. 80; *Hefermehl* in: Erman (3. Aufl. 1962), § 157 Rn. 6.
166 Fälle, die diesen Vorwurf aufkommen ließen RGZ 67, 431, 432 f.; 80, 27, 28; kritisch *von Tuhr*, AT II/1, 1914, S. 546 f.; *Sandrock*, 1966, S. 57.
167 *Vogenauer* in: HKK, §§ 133, 157 Rn. 101; *Ellenberger* in: Palandt, § 157 Rn. 4; *Roth* in: Staudinger, § 157 Rn. 23; *Wendtland* in: BeckOK BGB, § 157 Rn. 38.
168 BGHZ 16, 71, 76; BGH DB 1957, 454, 454; NJW 1975, 1116, 1117; *Vogenauer* in: HKK, §§ 133, 157 Rn. 101.
169 Vgl. 3. Teil C. II. 2., S. 13 f.
170 *Wolf* in Soergel, § 157 Rn. 113; *Roth* in: Staudinger, § 157 Rn. 23; zuvor bereits *Mayer-Maly* in: MüKo BGB Bd. 1 (3. Aufl. 1993), § 157 Rn. 26, 37; *Mansel* in: Jauernig, § 157 Rn. 3; *Flume*, AT Bd. II, 1992, § 16 4b S. 325; *Larenz*, NJW 1963, 737, 741.
171 Vgl. RG JW 1935, 1233, 1233; BGHZ 40, 91, 103; 56, 136, 137 f.; 77, 301, 304; BGH NJW 1982, 2190, 2191 f.
172 Nachfolgende Ausführungen zum Sachverhalt gemäß BGH NJW 1982, 2190.

schriftlichen Aufträgen verpflichtet, ihr Gelände in baureifen Zustand zu versetzen und zudem festgehalten, dass die Grundstücke an den Kläger architektengebunden sind. Bei einer im Jahre 1974 erfolgten Veräußerung wurde diese Architektenbindung durch die Erwerberin jedoch – anders als in früheren Fällen – nicht übernommen. Der Kläger verlangte infolgedessen von den Beklagten Schadensersatz wegen Nichterfüllung aufgrund nicht erfolgter Weitergabe der Architektenbindung. Bei dem zwischen Kläger und Beklagten im Jahre 1961 abgeschlossenen Vertrag handelt es sich um einen Architektenvertrag, der seinerseits nicht explizit gesetzlich geregelt ist[173], nach einhelliger Rechtsprechung[174] und Literaturmeinungen[175] aber als Werkvertrag einzuordnen ist. Mithin liegt ein Vertrag vor, der gesetzestypische Elemente aufweist bzw. gesetzlich geregelt ist. Die 1961 vereinbarte Architektenbindung verlor jedoch durch Art. 10 § 3 des Mietrechtsverbesserungsgesetz[176] (MRVG) vom 04.11.1971 ihre Wirksamkeit.[177] Hinsichtlich des 1974 veräußerten Grundstückes wurde den Beklagten die Erfüllung des Vertrages somit nachträglich, durch Umstände, die sie nicht zu vertreten hatten, unmöglich.[178] Ihre Verpflichtung zur Leistung entfiel, § 275 Abs. 1 BGB a.F.[179] Insoweit weißt der Vertrag eine Lücke auf. Die Parteien hatten bei Vertragsschluss nicht wissen können,

---

173 BGHZ 133, 399, 402; *Peters/Jacoby* in: Staudinger, Vorbemerkungen zu §§ 631 ff. Rn. 118; *Westermann* in: Erman, Vorbemerkung zu §§ 631–651 Rn. 10; *Busche* in: MüKo BGB Bd. 4, § 631 Rn. 198.
174 BGHZ 31, 224, 227; 32, 206, 207; 43, 227, 230; 133, 399, 402; 159, 376, 381; BGH NJW 1964, 647, 647.
175 *Voit* in: BeckOK BGB, § 631 Rn. 11d; *Busche* in: MüKo BGB Bd. 4, § 631 Rn. 198; *Westermann* in: Erman, § 631 Rn. 11; Ebert in: Hk-BGB, § 631 Rn. 2; *Larenz*, SchuldR BT II/1, 1986, § 53 I S. 343.
176 Art. 10 § 3 MRVG: „Eine Vereinbarung, durch die der Erwerber eines Grundstücks sich im Zusammenhang mit dem Erwerb verpflichtet, bei der Planung oder Ausführung eines Bauwerks auf dem Grundstück die Leistungen eines bestimmten Ingenieurs oder Architekten in Anspruch zu nehmen, ist unwirksam. Die Wirksamkeit des auf den Erwerb des Grundstückes gerichteten Vertrages bleibt unberührt."
177 BGH NJW 1982, 2190, 2190 f.; *Busche* in: MüKo BGB Bd. 4, § 631 Rn. 205.
178 BGH NJW 1982, 2190, 2190 f.
179 § 275 Abs. 1 BGB a.F.: Der Schuldner wird von der Verpflichtung zur Leistung frei, soweit die Leistung infolge eines nach der Entstehung des Schuldverhältnisses eintretenden Umstandes, den er nicht zu vertreten hat, unmöglich wird.

dass die Weitergabe der Architektenbindung verboten werden könnte und dementsprechend keine besondere Regelung getroffen. Allerdings kann nicht jede Lücke im Vertrag im Wege der ergänzenden Auslegung geschlossen werden.[180] Insbesondere darf die richterliche Auslegung nicht zu einer (unzulässigen) Erweiterung des Vertragsgegenstandes führen, sie muss in dem Vertrag auch eine Stütze finden.[181] Weniger einschneidend wird formuliert, die ergänzende Vertragsauslegung dürfe nicht zu einer Abänderung des geschlossenen Vertrages führen, was auch das Respektieren des tatsächlichen Willens impliziert.[182] Die Rechtsprechung kombiniert beide Sätze. Demnach darf eine ergänzende Vertragsauslegung weder zu einer Abänderung, Einschränkung oder Ergänzung des erklärten Vertragswillens führen, noch zu einer Umänderung des Vertrages, sondern lediglich zu einer Ergänzung des Vertragsinhaltes.[183]

Eine Erweiterung des Vertragsgegenstandes wäre aber die Konsequenz, wenn die Beklagten verpflichtet würden dem Kläger den Gewinn zu ersetzen, den dieser erst nach Weitergabe der Architektenbindung an den Erwerber erzielen würde.[184] Für den Kläger besteht die Möglichkeit, einen Bereicherungsanspruch nach § 323 Abs. 3 BGB a.F.[185] geltend zu machen.[186] Die Beklagten können lediglich im Umfang ihrer Bereicherung zur Zahlung an den Kläger verpflichtet werden. Somit greift hier das Gesetzesrecht in Form von § 323 Abs. 3 BGB a.F. für eine entstandene Lücke des Architektenvertrages,

---

180 BGHZ 77, 301, 304; BGH NJW 1975, 1116, 1117; 1982, 2190, 2191; BeckRS 1960, 31190859 unter 9.; *Wolf* in: Soergel, § 157 Rn. 124; *Armbrüster* in: Erman, § 157 Rn. 16.
181 BGHZ 9, 273, 277 f.; 40, 91, 103; 77, 301, 304; BGH BeckRS 1960, 31190859 unter 9.; *Roth* in: Staudinger, § 157 Rn. 39; *Wendtland* in: BeckOK, § 157 Rn. 37; *Brinkmann* in: P/W/W, § 157 Rn. 30.
182 BGHZ 160, 354, 365; BGH NJW 2009, 1482, 1484; 2002, 2310, 2311; *Roth* in: Staudinger, § 157 Rn. 39; *Bork*, 2011, Rn. 537; *Ehricke*, RabelsZ 60 (1996), 661, 689.
183 RGZ 87, 211, 213 f.; 129, 80, 88; BGHZ 23, 282, 285; BGH BeckRS 1969, 31168917 unter II. 1.
184 BGH NJW 1982, 2190, 2191.
185 § 323 Abs. 3 BGB a.F.: Soweit die nach diesen Vorschriften nicht geschuldete Gegenleistung bewirkt ist, kann das Geleistete nach den Vorschriften über die Herausgabe einer ungerechtfertigten Bereicherung zurückgefordert werden.
186 BGH NJW 1982, 2190, 2191.

der seinerseits dem gesetzlich geregelten Vertragstypus des Werkvertrages zuzuordnen ist.

b. Gemischte und atypische Verträge

Das dispositive Recht findet indes nicht nur bei gesetzlich geregelten Vertragstypen Anwendung, sondern auch bei gemischten und atypischen Verträgen, soweit einzelne Regelungen des Vertrages gesetzestypisch ausgestaltet sind.[187]

c. Atypische und gesetzlich nicht geregelte Verträge

Hingegen wird das dispositive Recht durch die ergänzende Vertragsauslegung verdrängt, wenn das Rechtsgeschäft zwar einem gesetzlich normierten Vertragstyp entspricht, das Gesetzesrecht in dem fraglichen Punkt aber eine Lücke aufweist und mithin keine passende Lösung zur Verfügung stellen kann.[188] Entsprechend ist die ergänzende Vertragsauslegung vorrangig, wenn ein atypischer Vertrag vorliegt, der – wie etwa das Leasing[189] – gesetzlich nicht geregelt ist[190] bzw. auch einzelne vertragliche Regelungen gesetzlich nicht erfasst sind.[191]

Allgemeiner gesprochen: Je mehr sich ein Rechtsgeschäft von einem gesetzlich geregelten Typus entfernt, desto eher gelangt die ergänzende Vertragsauslegung zur Anwendung.[192] Das Urteil des V. Zivilsenats[193] vom 01.06.1979 soll diese Formel stützen.

---

187 *Wolf* in: Soergel, § 157 Rn. 113; *Roth* in: Staudinger, § 157 Rn. 23; Vgl. auch *Larenz/Canaris*, SchuldR BT II/2, 1994, § 63 I 3d S. 46; *Ulmer/Schäfer* in: MüKo BGB Bd. 5, Vorbemerkungen zu §§ 705 ff. BGB Rn. 114.
188 BGH NJW-RR 1990, 817, 818 f.; *Busche* in: MüKo BGB Bd. 1, § 157 Rn. 46; *Ellenberger* in: Palandt, § 157 Rn. 6; *Sandrock*, 1966, S. 86; *Henssler*, 1994, S. 103 ff.; *Cziupka*, JuS 2009, 103, 105 f.
189 BGH NJW-RR 1987, 305, 306; *Busche* in: MüKo BGB Bd. 1, § 157 Rn. 46; *Roth* in: Staudinger, § 157 Rn. 27; *Brinkmann* in: P/W/W, § 157 Rn. 21.
190 *Ellenberger* in: Palandt, § 157 Rn. 6; *Busche* in: MüKo BGB Bd. 1, § 157 Rn. 46; *Wolf* in: Soergel, § 157 Rn. 113; *Armbrüster* in: Erman, § 157 Rn. 19; *Larenz/Wolf*, AT, 2004, § 28 Rn. 112.
191 Vgl. 4. Teil A. II. 2. b.
192 *Roth* in: Staudinger, § 157 Rn. 23; *Wolf* in: Soergel, §157 Rn. 113; *Brinkmann* in: P/W/W, § 157 Rn. 21; *Larenz/Wolf*, AT, 2004, § 28 Rn. 112; *Larenz*, NJW 1963, 737, 741.
193 Sachverhaltsdarstellungen im Folgenden aus BGHZ 74, 370.

aa. Der Sachverhalt zu BGHZ 74, 370

Die Klägerin erwarb am 01.03.1971 ein 2,0310 ha großes Grundstück von Landwirt L zu einem Preis von 3.070.000 DM (ca. 151 DM/qm) durch notariellen Vertrag. Das Grundstück war als landwirtschaftliche Nutzungsfläche ausgewiesen und wurde auch im Kaufvertrag als „Ackerland" bezeichnet. Der Vertrag enthielt u.a. folgende Vereinbarungen:

Ziffer VII/5:

Die Auflassung bedarf unter Umständen der Genehmigung nach § 19 BBauG[194]. Andernfalls ist ein Negativzeugnis nach § 23 BBauG[195] erforderlich.

Ziffer VII/7:

Mit der Einholung der Genehmigung oder Bescheinigung wird der Notar XY beauftragt.

Die Klägerin zahlte den vereinbarten Kaufpreis nach Eintragung der Auflassungsvormerkung und wurde am 30.06.1976 nach erteiltem Negativzeugnis als Grundstückseigentümerin im Grundbuch eingetragen. Sie verlangte im anhängigen Rechtsstreit von den Beklagten (Erben des inzwischen verstorbenen L) Rückzahlung des Kaufpreises nebst 8 % Zinsen. Das Grundstück sei zur Zeit des Vertragsschlusses vom Verkäufer als Bauerwartungsland eingestuft worden. Zudem hätten die Parteien vor Vertragsunterzeichnung vereinbart, dass die Auflassung genehmigungsbedürftig nach § 19 Abs. 2 BBauG sei und der Verkäufer den Kaufpreis zurückzahlen müsse, wenn die Genehmigung versagt werde. Zudem sei die wirtschaftliche Existenz der Käuferin durch die jährlichen Zinsen für den finanzierten Kaufpreis gefährdet. Die Beklagten wendeten dagegen ein, dass die Klägerin das Grundstück in spekulativer Absicht gekauft und das Risiko selbst zu tragen habe.

bb. Urteil und Entscheidungsgründe

Die Vorinstanz führte den Wegfall der Geschäftsgrundlage zugunsten der Klägerin an.[196] Hierfür bestehe jedoch kein Raum, wenn nach dem Vertrag

---

[194] § 19 Bundesbaugesetzbuch (Genehmigungspflicht für den Bodenverkehr) in der Fassung vom 23.06.1960.
[195] § 23 Bundesbaugesetzbuch (Sicherung der Vorschriften über den Bodenverkehr) in der Fassung vom 23.06.1960.
[196] BGHZ 74, 370, 372.

derjenige das Risiko zu tragen habe, der sich auf die Störung beruft.[197] Die Zuweisung solcher vertraglichen Risikosphären kann sich entweder aus dem dispositiven Recht ergeben, welches den allgemeinen, auf eine typische Interessenabwägung gegründeten Beurteilungsmaßstab enthält.[198] Sie kann sich aber auch aus ausdrücklichen oder konkludenten Parteiabsprachen im Wege ergänzender Vertragsauslegung ergeben, welche den Besonderheiten des Einzelfalles Rechnung tragen muss.[199] Dies ist notwendig, wenn der zu regelnde Sachverhalt oder die von den Parteien getroffene Regelung Besonderheiten aufweist, für die das dispositive Recht keine entsprechenden Vorschriften enthält.[200] Nach dem Ge-setzesrecht trägt bei einem Kaufvertrag i.d.R. der Käufer das Risiko, ob er den Kaufgegenstand wie beabsichtigt nutzen kann.[201] Bei einem Kauf von Bauerwartungsland kommt hinzu, dass ein solches Geschäft typische Elemente der Unsicherheit einschließt (Ob und Wann der Bebaubarkeit).[202] Das Gericht hat hier zu prüfen, ob dem Vertrag im Wege der ergänzenden Vertragsauslegung zu entnehmen ist, dass das Risiko der zukünftigen Bebaubarkeit ausnahmsweise beim Verkäufer liegen soll. Möglich wäre dies, wenn sich herausstellen sollte, dass die Parteien irrtümlich davon ausgegangen waren, das Risiko künftiger Bebaubarkeit lückenlos zu Lasten des Verkäufers geregelt zu haben.[203] Indiz hierfür könnten die Ziffern VII/5 und 7 des Vertrages i.V.m. dem Vortrag der Klägerin bei

---

197 BGH WM 1973, 869, 871; *Cziupka*, JuS 2009, 103, 105; *Ulmer*, AcP 174 (1974), 167, 182; *Stötter*, JZ 1967, 147, 150; *ders.*, AcP 166 (1966), 149, 181 f.
198 *Cziupka*, JuS 2009, 103, 105; *Ulmer*, AcP 174 (1974), 167, 182; *Roth* in: Staudinger, § 157 Rn. 23 („generalisierende Gerechtigkeit"); umfassend *Auer*, 2005, S. 91 ff.; Vgl. *Busche* in: MüKo BGB Bd. 1, § 157 Rn. 47.
199 *Ulmer*, AcP 174 (1974), 167, 182; *Roth* in: Staudinger, § 157 Rn. 23 („individualisierende Gerechtigkeit"); umfassend *Auer*, 2005, S. 91 ff.; *Busche* in: MüKo BGB Bd. 1, § 157 Rn. 47; *Sandrock*, 1966, S. 92 f.; *Armbrüster* in: Erman, § 157 Rn. 20.
200 BGH NJW 1968, 245, 246; BeckRS 1978, 00266 unter 2.; *Sandrock*, 1966, S. 24.
201 Vgl. BGH NJW 1970, 1313, 1313 f.; BeckRS 1976, 31117097 unter 4. und 6.; *Finkenauer* in: MüKo BGB Bd. 2, § 313 Rn. 73, 253; *Flume*, AT Bd. II, 1992, § 26 5a S. 510.
202 BGHZ 74, 370, 374.
203 BGHZ 74, 370, 377.

der Beurkundung vor dem Notar sein.[204] Die Parteien hätten nämlich vor Unterzeichnung des Vertrages vereinbart, dass die Auflassung der Genehmigung nach § 19 Abs. 2 BBauG[205] bedürfe und der Verkäufer den Kaufpreis zurück zu zahlen habe, wenn die Genehmigung versagt würde.[206] Dem hat der Verkäufer nach gegenwärtigem Stand nicht widersprochen. Vereinbarungen, die im Rahmen der Vertragsverhandlungen und mithin vor Vertragsschluss getroffen werden, sind einer ergänzenden Vertragsauslegung im Einzelfall ebenfalls zugänglich.[207] Einer solchen stehe auch nicht entgegen, dass im beurkundeten Vertrag neben der Erteilung einer Bodenverkehrsgenehmigung die Möglichkeit einer Vertragsdurchführung auf Grundlage eines Negativtests (§ 23 Abs. 2 BBauG[208]) erwähnt wird (Ziffer VII/5). Das bodenverkehrsrechtliche Genehmigungserfordernis wäre nämlich tatsächlich entfallen, wenn der von den Parteien erwartete Bebauungsplan noch vor der Auflassung zustande gekommen wäre.[209] Dann hätte sich die Bebaubarkeit allein aus dem Negativtest ergeben. Dass es nicht zu einer endgültigen Versagung der beantragten Bodenverkehrsgenehmigung nach § 19 Abs. 2 BBauG kam, beruht darauf, dass das Verwaltungsgericht die Ansicht vertritt, der Bebauungszweck gehe nicht mit der für das Genehmigungserfordernis gemäß § 19 Abs. 2 Nr. 1 BBauG notwendigen Deutlichkeit

---

204 BGHZ 74, 370, 377.
205 § 19 Abs. 2 Nr. 1 BBauG: Außerhalb des räumlichen Geltungsbereiches eines Bebauungsplanes im Sinne des § 30 und außerhalb der im Zusammenhang bebauten Ortsteile (Außenbereich) bedürfen zu ihrer Wirksamkeit der Genehmigung
1. die Auflassung eines Grundstücks, wenn sie nach dem Inhalt des zugrunde liegenden Verpflichtungsgeschäftes zum Zwecke der Bebauung oder kleingärtnerischen Dauernutzung vorgenommen wird, sowie die Einigung über die Bestellung eines Erbbaurechtes
206 BGHZ 74, 370, 371 f., 377.
207 BGH NJW 1980, 1681, 1682 (für den Fall eines Haftungsausschlusses); *Ellenberger* in: Palandt, § 157 Rn. 2a; *Wendtland* in: BeckOK BGB, § 157 Rn. 33; kritisch *Wolf* in: Soergel, § 157 Rn. 116; *Busche* in: MüKo, § 157 Rn. 26.
208 § 23 Abs. 2 BBauG: Ist zu einem Rechtsvorgang eine Genehmigung nach § 19 nicht erforderlich oder gilt sie als erteilt, so hat die Genehmigungsbehörde auf Antrag eines Beteiligten darüber ein Zeugnis auszustellen. Das Zeugnis steht der Genehmigung gleich.
209 BGHZ 74, 370, 377 f.

aus dem Vertrag hervor.[210] Nach dem unter Beweis gestellten Sachvortrag der Klägerin sei mithin nicht auszuschließen, dass die Parteien diesen Fall nur deshalb nicht geregelt haben, weil sie ihn – in Unkenntnis der verwaltungsrechtlichen Rechtsprechung – nicht bedacht haben.[211] Folglich könne diese Lücke im Wege ergänzender Vertragsauslegung geschlossen werden.

cc. Stellungnahme

Mithin zeigt sich die Abweichung der Entscheidung von einer eigentlich vorhandenen gesetzlichen Regelung. Das Gesetz bestimmt, dass bei einem Kaufvertrag der Käufer das Risiko der künftigen vertragsgemäßen Nutzung trägt.[212] Im vorliegenden Urteil entschied der BGH jedoch, dass durch ergänzende Vertragsauslegung das Risiko zu Lasten des Verkäufers verteilt werden soll. Grund dafür war die irrtümliche Annahme jenes Risiko sei im Vertrag lückenlos zu Lasten des Verkäufers geregelt. Dieser Irrtum kann zum einen aus dem Vortrag der Käuferin vor dem Notar rühren. Zum anderen aus der Unkenntnis der verwaltungsrechtlichen Rechtsprechung. Das Urteil weist jedoch Unstimmigkeiten auf. Zum einen wurde im Vertrag festgehalten, dass es sich bei dem verkauften Land um „Ackerland" handelt, nicht um Bauland.[213] Zudem ist in Ziffer VII/4[214] die Haftung des Verkäufers für die „Tauglichkeit des Kaufobjektes für die Zwecke des Käufers" ausgeschlossen. Diese Klausel wird allerdings unter der Überschrift „Sachmängelhaftung" geführt. Fraglich erscheint insoweit, ob der enge Anwendungsbereich ausgedehnt werden kann bzw. soll. Ein entsprechender völliger Haftungsausschuss hätte aber wohl, aufgrund seiner weitreichenden Konsequenzen, ausdrücklich vereinbart werden müssen. Ferner hat der Verkäufer dem Vortrag der Käuferin vor dem Notar nicht widersprochen. Mithin sprechen die besseren Argumente dafür, dass beide Parteien irrtümlich

---

210 BGHZ 74, 370, 378.
211 BGHZ 74, 370, 378.
212 Vgl. Fn. 201; 4. Teil A. II. 2. c. bb., S. 27.
213 BGHZ 74, 370, 371.
214 Ziffer VII/4: Sachmängelhaftung
Die Haftung des Verkäufers für die Richtigkeit des Flächenmaßes, Bodenbeschaffenheit und Tauglichkeit des Kaufobjektes für die Zwecke des Käufers ist ausgeschlossen.

davon ausgingen, der Verkäufer trage das Risiko künftiger Bebaubarkeit, so dass das Urteil grundsätzlich haltbar ist.

d. Höchst subsidiäre Normen

Für den Fall, dass eine Lücke auch nicht mithilfe einer ergänzenden Vertragsauslegung geschlossen werden konnte, können als „letzte Aushilfe" dispositive Regelungen ohne Gestaltungsentscheidung herangezogen werden (z.B. §§ 125 S. 2, 269, 271, 426 Abs. 1 BGB).[215]

3. Gesellschaftsrechtliche Besonderheiten

Der Vorrang der ergänzenden Vertragsauslegung gegenüber dem dispositiven Recht soll insbesondere auch in der Gestaltung der Rechtsbeziehungen unter Gesellschaftern deutlich werden. Die Vertragsfreiheit nimmt hier einen besonders hohen Stellenwert ein.[216] Zudem wird das vorhandene Gesetzesrecht als nicht mehr zeitgemäß angesehen.[217] Im Innenverhältnis der Gesellschafter verdrängt der hypothetische Wille daher grundsätzlich das dispositive Recht.[218] Die Rechtsprechung[219] selbst führt an, dass der Rückgriff auf das dispositive Gesetzesrecht zur Lückenfüllung nur als „letzter Notbehelf" anzusehen ist. Soweit sich die Möglichkeit ergibt, sind lückenhafte Gesellschaftsverträge im Wege der ergänzenden Vertragsauslegung so auszufüllen, dass die Grundzüge des konkreten Vertrages zu Ende gedacht werden.[220]

---

215 RGZ 75, 251, 256; RG JW 1931, 1025, 1025; *Wolf* in: Soergel, § 157 Rn. 112; *Roth* in: Staudinger, § 157 Rn. 24; *Looschelders* in: NK-BGB Bd. 1 § 157 Rn. 9; *Medicus*, AT, 2010, Rn. 341.
216 BGH NJW 1985, 192, 193; Vgl. BGHZ 107, 351, 355; 123, 281, 285; *Armbrüster* in: Erman, § 157 Rn. 19.
217 BGH NJW 1979, 1705, 1706; *Roth* in: Staudinger, § 157 Rn. 26; *Busche* in: MüKo BGB Bd. 1, § 157 Rn. 46; *Looschelders* in: NK-BGB Bd. 1, § 157 Rn. 12.
218 BGH NJW 1979, 1705, 1706; *Roth* in: Staudinger, § 157 Rn. 26; *Armbrüster* in: Erman, § 157 Rn. 19; *Wendtland* in: BeckOK BGB, § 157 Rn. 39; kritisch *Stürner*, NJW 1979, 1225, 1230.
219 BGHZ 123, 281, 286; BGH NJW 1979, 1705, 1706; NJW-RR 1986, 256, 256.
220 BGHZ 123, 281, 286; *Roth* in: Staudinger, § 157 Rn. 26; *Säcker*, FS H.P. Westermann 2008, 617, 621 f.; *Hart*, KritV 1986, 211, 226.

a. Gesellschaftsrechtliche Abfindungsklauseln

Vorrangig gegenüber dem dispositiven Recht soll die ergänzende Vertragsauslegung zum einen im Bereich gesellschaftsvertraglicher Abfindungsklauseln im Recht der Personengesellschaften sein.[221] Sind diese angesichts ihres zu geringen Werts nach § 138 Abs. 1 BGB nichtig, würde sinngemäß das dispositive Recht in Form von § 738 BGB an die Stelle der unwirksamen vertraglichen Vereinbarung treten. Gemäß § 738 Abs. 1 S. 2 BGB ist dem Ausscheidenden der Betrag zu zahlen, den er bei einer Auseinandersetzung erhalten würde, wenn die Gesellschaft im Zeitpunkt seinem Austritts aufgelöst würde. In der Literatur[222] wird jedoch vertreten, dass dies nicht den Interessen der Beteiligten entspricht. Die durch die Nichtigkeit der Abfindungsklausel entstandene Vertragslücke soll durch ergänzende Vertragsauslegung geschlossen werden.[223] Aus diesem Grund spricht der BGH dem Ausscheidenden im Wege ergänzender Vertragsauslegung eine angemessene Abfindung zu und verdrängt somit § 738 Abs. 1 S. 2 BGB.[224]

Fraglich erscheint jedoch, ob die ergänzende Vertragsauslegung hier das passende Instrument darstellt. Sie zielt darauf ab, den hypothetischen Willen der Parteien zu ermitteln[225], wenn das Gewollte zweifelhaft ist.[226] Vorliegend ist der Wille gerade nicht zweifelhaft. Der ausscheidende Gesellschafter wird nach einer angemessenen Abfindung verlangen, die dem wirklichen Wert seiner Anteile entspricht. Die übrigen Gesellschafter werden eine möglichst geringe Abfindung zahlen wollen, steht für sie doch der Bestand und die

---

221 BGHZ 123, 281, 286; Vgl. BGH NJW 1993, 2101, 2102; OLG München NZG 2004, 1055, 1056; *Looschelders* in: NK-BGB Bd. 1, § 157 Rn. 50 f.; *Wolf* in: Soergel, § 157 Rn. 159.
222 *Sack/Fischinger* in: Staudinger, § 138 Rn. 482; *Looschelders* in: NK-BGB Bd. 1, § 157 Rn. 50; *Rasner*, ZHR 158 (1994), 292, 297 f.; Vgl. *Hülsmann*, NJW 2002, 1673, 1673.
223 BGHZ 123, 281, 286; BGH NJW 1985, 192, 193; *Schäfer* in: MüKo BGB Bd. 5, § 738 Rn. 72, 74; *Schöne* in: BeckOK BGB, § 738 Rn. 44.
224 BGHZ 123, 281, 286; BGH NJW 1985, 192, 193; DStR 1995, 461, 461; *Looschelders* in: NK-BGB Bd. 1, § 157 Rn. 50.
225 BGHZ 9, 273, 278; 111, 214, 218; 126, 150, 159; 135, 92, 98; *Busche* in: MüKo BGB Bd. 1, § 157 Rn. 28; *Ellenberger* in: Palandt, § 157 Rn. 7; *Mansel* in: Jauernig, § 157 Rn. 4.
226 *Sack/Fischinger* in: Staudinger, § 138 Rn. 482; *Roth* in: Staudinger, § 157 Rn. 31; *Flume*, AT Bd. II, 1992, § 16 4a S. 322.

Fortführung der Gesellschaft im Vordergrund. Problematisch ist mithin lediglich die Tatsache, dass beide Absichten nicht übereinstimmen. Die ergänzende Vertragsauslegung darf nicht im Widerspruch zum tatsächlichen Willen der Beteiligten durchgeführt werden.[227] Eine angemessene, den Vorstellungen des Gesellschafters entsprechende Abfindungsklausel steht womöglich aber im Widerspruch zum Willen der übrigen Gesellschafter.

Faktisch passt das Instrument der ergänzenden Vertragsauslegung in diesem Zusammenhang nicht. Insofern wird vertreten, den Abfindungsanspruch mittels einer geltungserhaltenden Reduktion bezogen auf das Übermaß der Restriktion der Rechte des ausscheidenden Gesellschafters durchzusetzen.[228] Im Ergebnis führt diese zu einer geltungserhaltenden Extension des Abfindungsanspruchs auf eine angemessene Höhe.[229] Hierbei handelt es sich laut einiger Literaturmeinungen[230] um eine Vertragskorrektur, die in Abweichung vom Parteiwillen erfolgt. Werden die rechtlichen Beschränkungen des Ausscheidenden reduziert, führt dies im Umkehrschluss zu einer Ausweitung seiner Rechte, in diesem Fall zu einer Erhöhung seiner Abfindung.

Im Endeffekt kommen sowohl Literatur als auch Rechtsprechung zum gleichen Ergebnis, jedoch unter Zuhilfenahme unterschiedlicher Instrumente. Fraglich ist, welchem Instrument insofern der Vorzug zu gewähren ist. Innerhalb des BGB ist die geltungserhaltende Reduktion nicht kodifiziert. Im Recht der AGB ist sie gemäß Rechtsprechung und h.L. gar unzulässig.[231]

---

227 RGZ 129, 80, 88; BGHZ 9, 273, 278; BGH NJW 1995, 1212, 1213; *Roth* in: Staudinger, § 157 Rn. 31; *Busche* in: MüKo BGB Bd. 1, § 157 Rn. 49; *Cziupka*, JuS 2009, 103, 105.
228 *Sack/Fischinger* in: Staudinger, § 138 Rn. 482; *Looschelders* in: NK-BGB Bd. 1, § 157 Rn. 50; *K. Schmidt*, GesR, 2002, § 50 IV 2c dd; *Westermann*, FS Stimpel 1985, 69, 81 f.; a.A. *Büttner*, FS Nirk 1992, 119, 127.
229 *Sack/Fischinger* in: Staudinger, § 138 Rn. 482; Vgl. *Westermann*, FS Stimpel 1985, 69, 82; a.A. *Büttner*, FS Nirk 1992, 119, 127.
230 *Sack/Fischinger* in: Staudinger, § 138 Rn. 482; *Dauner-Lieb*, ZHR 158 (1994), 271, 277 f.; *Rasner*, ZHR 158 (1994), 292, 306; *Ulmer/Schäfer*, ZGR 1995, 134, 141 a.E., 144.
231 BGHZ 84, 109, 115 ff.; seither st. Rspr. BGHZ 91, 375, 384; 90, 69, 73; 146, 377, 385; 161, 189, 196; *Grüneberg* in: Palandt, § 306 Rn. 6; *H. Schmidt* in: BeckOK BGB, § 306 Rn. 16; *Stadler* in: Jauernig, § 306 Rn. 1; *Berger* in: P/W/W, § 306 Rn. 4; *H. Schmidt* in: U/B/H, § 306 Rn. 14.

Möglicherweise bedarf es in diesem Fall einer besonderen Rechtfertigung für den Vorzug der geltungserhaltenden Reduktion vor der ergänzenden Vertragsauslegung. Wesentlich ist der methodische Unterschied beider Instrumente, welcher eine Abgrenzung erforderlich macht. Dieser Unterschied liegt darin, dass die geltungserhaltende Reduktion die entsprechende Klausel partiell aufrechterhält[232], während die ergänzende Vertragsauslegung einen angemessenen Interessenausgleich herbeizuführen versucht.[233] Bei einer geltungserhaltenden Reduktion entsteht folglich gar keine Reglungslücke, die zu schließen wäre.[234] Insoweit geht die geltungserhaltende Reduktion nach Meinungen innerhalb der Literatur[235] einer ergänzenden Vertragsauslegung vor.

Die Ansicht[236], eine geltungserhaltende Reduktion sei nur gestattet, wenn (wie im obigen Beispiel[237]) im Wege der ergänzenden Vertragsauslegung das gleiche Ergebnis erreicht würde, erscheint verfehlt. Bereits der methodische Unterschied steht einem derartigen Anknüpfungspunkt entgegen. Des Weiteren stellt die geltungserhaltende Reduktion auf den tatsächlichen Willen[238] ab, die ergänzende Vertragsauslegung auf den hypothetischen.[239] Zudem führt die geltungserhaltende Reduktion nicht zu einen angemessenen

---

232 *Busche* in: MüKo BGB Bd. 1, § 157 Rn. 36; *Looschelders* in: NK-BGB Bd. 1, § 157 Rn. 14; *Roth* in: Staudinger, § 157 Rn. 36; *Brinkmann* in: P/W/W, § 157 Rn. 36.
233 *Busche* in: MüKo BGB Bd. 1, § 157 Rn. 36; *Looschelders* in: NK-BGB Bd. 1 § 157 Rn. 14; *Larenz/Wolf*, AT, 2004, § 33 Rn. 16; Vgl. *Roth* in: Staudinger, § 157 Rn. 15.
234 *Looschelders* in: NK-BGB Bd. 1, § 157 Rn. 14; *Busche* in: MüKo BGB Bd. 1, § 157 Rn. 36; *Roth* in: Staudinger, § 157 Rn. 36; *Nassall*, BB 1988, 1264, 1265.
235 *Looschelders* in: NK-BGB Bd. 1, § 157 Rn. 14, 16; *Busche* in: MüKo BGB Bd. 1, § 157 Rn. 36; *Roth* in: Staudinger, § 157 Rn. 36; *Nassall*, BB 1988, 1264, 1265.
236 *Larenz/Wolf*, AT, 2004, § 33 Rn. 17; a.A. *Looschelders* in: NK-BGB Bd. 1, § 157 Rn. 15; *Busche* in: MüKo BGB Bd. 1, § 157 Rn. 36.
237 Vgl. 4. Teil A. II. 3. a.
238 *Looschelders* in: NK-BGB Bd. 1, § 157 Rn. 15; *Busche* in: MüKo BGB Bd. 1, § 157 Rn. 36; Vgl. *Roth* in: Staudinger, § 157 Rn. 36.
239 BGHZ 9, 273, 278; 111, 214, 218; 126, 150, 159; 135, 92, 98; *Busche* in: MüKo BGB Bd. 1, § 157 Rn. 28; *Ellenberger* in: Palandt, § 157 Rn. 7; *Mansel* in: Jauernig, § 157 Rn. 4.

Interessenausgleich, sondern zu einem Ergebnis, das den rechtlichen Anforderungen gerade noch entspricht.[240] Aufgrund der methodischen Unterschiede beider Instrumente kann diese Ansicht nicht gehalten werden.

Eine Lösung des Problems ist jedoch in der Weise zu erreichen, dass ein Konzept entwickelt wird, welches die Kombination einzelner Aspekte beider Institute vorsieht. Die geltungserhaltende Reduktion sollte demnach gestattet werden, jedoch nur solange sie am Maßstab von Treu und Glauben und § 157 BGB ausgerichtet ist.[241] Das heißt, dass für eine ergänzende Vertragsauslegung relevante Maßstäbe mittelbar zum Tragen kommen. Somit kann eine angemessene Lösung gefunden werden. Diese sollte sich am tatsächlichen Parteiwillen orientieren. Denn das Tatbestandsmerkmal des hypothetischen (mutmaßlichen) Parteiwillens bereitet im Bereich der Abfindungsklauseln Probleme, da das von den Parteien Gewollte nicht zweifelhaft ist bzw. eine ergänzende Vertragsauslegung nicht im Widerspruch zum tatsächlichen Willen durchgeführt werden darf.[242] Letzteres aber wäre, wie dargelegt wurde[243], der Fall.

b. Gesellschaftsrechtliche Ausschließungsklauseln

Des Weiteren soll das Augenmerk auf gesellschaftsrechtliche Ausschließungsklauseln gerichtet werden.

aa. Der Sachverhalt zu BGHZ 107, 351

In seiner Entscheidung vom 05.06.1989 beschäftigte sich der II. Zivilsenat[244] mit einer gesellschaftsvertraglichen Ausschließungsklausel einer 1952 gegründeten Kommanditgesellschaft (KG). Der maßgebliche § 10 Nr. 3 des Gesellschaftsvertrages (GV) lautete wie folgt:

---

240 *Looschelders* in: NK-BGB Bd. 1, § 157 Rn. 14; *Busche* in: MüKo BGB Bd. 1, § 157 Rn. 36; *Larenz/Wolf*, AT, 2004, § 33 Rn. 16.
241 Vgl. *K. Schmidt*, GesR, 2002, § 50 IV 2c dd.
242 RGZ 129, 80, 88; BGHZ 9, 273, 278; BGH NJW 1995, 1212, 1213; *Roth* in: Staudinger, § 157 Rn. 31; *Busche* in: MüKo BGB Bd. 1, § 157 Rn. 49; *Cziupka*, JuS 2009, 103, 105; Vgl. auch 4. Teil A. II. 3. a., S. 31.
243 Vgl. 4. Teil A. II. 3. a., S. 30 f.
244 Angaben zum Sachverhalt aus BGHZ 107, 351.

Kündigt Herr K.D.[245] *das Gesellschaftsverhältnis, so ist er berechtigt, das Handelsgeschäft mit allen Aktiven und Passiven und dem Rechte der Fortführung der Firma zu übernehmen. In diesem Falle scheiden die anderen Gesellschafter aus der Gesellschaft aus. Herr K.D. kann aber auch nur das Ausscheiden des einen oder anderen Gesellschafters, den oder die er bestimmt, verlangen. (...)*

K.D. kündigte das Gesellschaftsverhältnis unter Berufung auf § 10 Nr. 3 GV mit Anwaltsschreiben vom 26.04.1983. Beigefügt war eine zusätzliche Erklärung, dass die Kündigung auch fristlos aus wichtigem Grund ausgesprochen wird. Einen wichtigen Grund sah K.D. in einigen Treuepflichtverletzungen, welche der Kläger (Kommanditist der KG) begangen haben soll. Der Kläger begehrt Feststellung, dass er nach wie vor seine Kommanditistenstellung innehat. Die Beklagte beantragt festzustellen, dass sie berechtigt ist die KG zu übernehmen, und dass diese durch Kündigung vom 26.04.1983 zum 31.12.1983 beendet wurde. Hilfsweise verlangt sie, dem Kläger die Geschäftsführungsbefugnis zu entziehen.

bb. Urteilsspruch und Analyse

§ 10 Nr. 3 GV entsprach zum Zeitpunkt der KG-Gründung 1952 der ganz h.M. in Rechtsprechung[246] und Literatur[247], so dass ein Kündigungsrecht eines Gesellschafters nach freiem Ermessen möglich war. Aufgrund einer Rechtsprechungsänderung[248] im Jahre 1981 verstößt diese Bestimmung inzwischen gegen § 138 BGB, wenn sie nicht ausnahmsweise wegen außergewöhnlicher Umstände sachlich gerechtfertigt werden kann.[249] Diese sind vorliegend nicht er-sichtlich. Gemäß der Grundregel der §§ 161 Abs. 2, 140 Abs. 1 HGB konnte die Kündigung des Klägers mithin nur

---

245 K.D. war Mitgründer der D-KG und persönlich haftender Gesellschafter. Er verstarb am 22.12.1986 und wurde von der Beklagten allein beerbt. Durch § 9 GV trat die Beklagte in die Stellung des K.D. ein und wurde persönlich haftende Gesellschafterin.
246 BGHZ 34, 80, 83; BGH NJW 1973, 651, 652; 1973, 1606, 1606; BeckRS 1962, 31182848 unter II. 2.a.,4., III.; 1967, 31169159 unter II.; 1968, 31174227 unter 2.
247 *Schäfer* in: Staub, § 140 Rn. 55; Siehe zudem Ausführungen von *Grunewald*, 1987, S. 219 ff. sowie *Behr*, ZGR 1985, 475, 480 ff.
248 BGHZ 81, 263; siehe aber schon BGHZ 68, 212, 215.
249 BGHZ 68, 212, 215; 81, 263, 266 f.; 107, 351, 353; BGH NJW 1985, 2421, 2422.

aus wichtigem Grund ergehen.[250] Nach § 140 Abs. 1 HGB erfolgt der Ausschluss durch ein Gestaltungsurteil.[251] Eine Gestaltungsklage war von der Beklagten nicht erhoben worden[252], so dass die Voraussetzungen für einen Ausschluss aus wichtigem Grund nach dem Gesetz nicht vorlagen. Folglich kann der Kläger nur wirksam aus der KG ausgeschlossen worden sein, wenn § 10 Nr. 3 GV auch regelt, dass der Ausschluss aus wichtigem Grund statt durch Klage durch bloße Erklärung erfolgen kann.[253] Dafür muss § 10 Nr. 3 GV allerdings, trotz des unwirksamen Teils (Ausschluss nach freiem Ermessen), fortgelten. § 10 Nr. 3 GV beinhaltet nicht, dass ein möglicher Ausschluss aus wichtigem Grund und durch schlichte Erklärung erfolgen kann. Zur Zeit des Vertragsschlusses bestand hierfür, zumindest aus Sicht des K.D., kein Bedürfnis. Es entspricht aber wohl dem Willen der Parteien, dass ein Ausschluss aus wichtigem Grund durch Gestaltungserklärung des Ausschließungsberechtigten möglich sein soll.[254] Mithilfe einer ergänzenden Vertragsauslegung unter Zugrundelegung des hypothetischen Parteiwillens als Maßstab hätte das Gericht unproblematisch zu dem Ergebnis kommen können, dass eine Gestaltungsklage nicht gewollt war.[255] Der BGH hat die Klausel jedoch nicht im Wege ergänzender Vertragsauslegung ergänzt, sondern angenommen, § 10 Nr. 3 GV sei lediglich insoweit nichtig, als er den Ausschluss nach freiem Ermessen ermöglicht und hat den Sachverhalt folglich über die Bestimmung des § 139 BGB gelöst.[256] Nach § 139 BGB bleibt der von der Nichtigkeit nicht erfasste Teil eines Rechtsgeschäfts bestehen, wenn dies dem hypothetischen Parteiwillen entspricht.[257] Überdies sei § 139 BGB nach seinem Sinngehalt grundsätzlich auch dann anwendbar,

---

250 *K. Schmidt* in: MüKo HGB Bd. 2; § 140 Rn. 1; *Lorz* in: E/B/J/S, § 140 Rn. 1; *Roth* in: Baumbach/Hopt, § 140 Rn. 1; *Grunewald*, JZ 1989, 956, 958.
251 *K. Schmidt* in: MüKo HGB Bd. 2, § 140 Rn. 64; *Lorz* in: E/B/J/S, § 140 Rn. 24; *Roth* in: Baumbach/Hopt, § 140 Rn. 22; *Kamanabrou* in: Oetker, § 140 Rn. 2.
252 *Grunewald*, JZ 1989, 956, 958.
253 BGHZ 107, 351, 356; *Grunewald*, JZ 1989, 958, 958.
254 BGHZ 107, 351, 356; *Grunewald*, JZ 1989, 958, 958 f.
255 BGHZ 107, 351, 357; *Grunewald*, JZ 1989, 958, 959.
256 BGHZ 107, 351, 355 f.
257 BGHZ 105, 213, 221; 107, 351, 355; 146, 37, 47; 179, 213, 226; *Busche* in: MüKo BGB Bd. 1, § 139 Rn. 28; *Mansel* in: Jauernig, § 139 Rn. 7; a. A. *Flume*, AT Bd. II, 1992, § 32 2d S. 574.

wenn die Parteien anstelle der nichtigen eine andere, zulässige Regelung vereinbart hätten, wenn sie die Nichtigkeit gekannt hätten.[258] Beide Aspekte weisen Parallelen zur ergänzenden Vertragsauslegung auf. Sie verwendet als Maßstab ebenfalls den hypothetischen Parteiwillen und stellt darauf ab, was die Parteien bei einer angemessenen Abwägung ihrer Interessen nach Treu und Glauben als redliche Vertragspartner vereinbart hätten, wenn sie den von ihnen nicht geregelten Fall bedacht hätten.[259] Nach Meinungen in der Literatur[260] hat die Ermittlung des hypothetischen Willens den Grundsätzen, welche zu § 139 BGB entwickelt wurden, zu folgen. Es ist jedoch stets zu beachten, dass sich die vertragliche Bestimmung eindeutig in den nichtigen und den wirksamen Teil aufspalten lässt.[261] Der Anwendungsbereich des § 139 BGB sei dann überschritten, wenn an die Stelle der nichtigen Bestimmung eine von mehreren möglichen wirksamen Regelungen gesetzt werden müsste.[262] Insofern ergibt sich eine weitere Parallelität zur ergänzenden Vertragsauslegung. Denn diese hat zu unterbleiben, wenn verschiedene Gestaltungsmöglichkeiten zur Lückenausfüllung in Betracht kommen, aber keine Anhaltspunkte dafür bestehen welche Regelung die Parteien getroffen hätten.[263]

Im Endergebnis soll § 10 Nr. 3 GV nur teilweise nichtig sein. Soweit das Klageverfahren (§ 140 Abs. 1 HGB) durch eine schlichte Kündigungserklärung ersetzt wurde, soll § 10 Nr. 3 GV gültig sein. Der wirksame Teil bezieht

---

258 BGHZ 107, 351, 355; 146, 37, 47; BGH NJW 2009, 1135, 1137; *Hefermehl* in: Soergel, § 139 Rn. 29; *Busche* in: MüKo BGB Bd. 1, § 139 Rn. 28; *Wendtland* in: BeckOK BGB, § 139 Rn. 16.
259 BGHZ 9, 273, 278; 158, 201, 207; 164, 286, 292; *Busche* in: MüKo BGB Bd. 1, § 157 Rn. 47 f.; *Armbrüster* in: Erman, § 157 Rn. 20; *Brinkmann* in: P/W/W, § 157 Rn. 24; *Ehricke*, RabelsZ 60 (1996), 661, 685 f.
260 *Busche* in: MüKo BGB Bd. 1, § 157 Rn. 48; *ders.* in: MüKo BGB Bd. 1, § 139 Rn. 30 ff.; Vgl. *Roth* in: Staudinger, § 157 Rn. 31; *Sandrock*, 1966, S. 93 ff.
261 BGHZ 107, 351, 356; *Wolf* in: Soergel, § 139 Rn. 23; *Faust* in: NK-BGB Bd. 1, § 139 Rn. 10; *Busche* in: MüKo BGB Bd. 1, § 139 Rn. 24 f.; *Keim*, NJW 1999, 2866, 2867 f.
262 BGHZ 107, 351, 356.
263 BGH NJW 1990, 1723, 1724; 2009, 1482, 1484; NJW-RR 2005, 1619, 1621; *Ellenberger* in: Palandt, § 157 Rn. 10; *Wolf* in: Soergel, § 157 Rn. 130; *Wendtland* in: BeckOK BGB, § 157 Rn. 42.

sich auch auf den Ausschluss aus wichtigem Grund.[264] Denn das Recht einen Gesellschafter nach freiem Ermessen auszuschließen, beinhaltet den Anspruch den Ausschluss bei Vorliegen eines wichtigen Grundes zu erklären, dergestalt, dass letzteres ohne weitere Eingriffe bestehen bleiben kann, wenn der darüber hinausgehende Teil der Bestimmung beseitigt wird.[265] Mithin gilt er gemäß § 139 BGB fort, da dies dem Willen der Parteien entspricht.[266] Es zeigt sich letztlich, dass bezüglich des Ergebnisses kein Unterschied gegenüber der Anwendung der Bestimmungen der ergänzenden Vertragsauslegung besteht. Dem gültigen Teil des § 10 Nr. 3 GV wäre durch Auslegung zu entnehmen, dass er ebenso für den Ausschluss aus wichtigem Grund gelten soll.[267] Diese Bestimmung hätte auch Bestand, da anzunehmen ist, dass sie dem Willen der Parteien entspricht.[268]

cc. Diskussion

Sowohl der obige Sachverhalt zur gesellschaftsrechtlichen Ausschließungsklausel, als auch jener über die Architektenbindung[269] bilden Beispiele für eine ergänzende Vertragsauslegung, die auf einer nachträglichen Änderung bzw. Störung der Gegebenheiten beruht. Zum einen hat sich nach Vertragsschluss die Rechtsprechung geändert[270], zum anderen die gesetzliche Situation.[271] Hätten die Parteien diese Veränderungen vorausgesehen, hätten sie den Vertrag wohl mit abweichendem Inhalt abgeschlossen. Diese Umstände weisen auf die Regelung des § 313 Abs. 1 BGB hin. § 313 BGB regelt die Störung der Geschäftsgrundlage. Zum Zeitpunkt der Urteilssprüche existierte diese Norm jedoch noch nicht. Sie wurde im Zuge der Schuldrechtsmodernisierung[272] im Jahre 2002 in das BGB eingefügt. Ziel des Gesetzgebers war die Kodifizierung der bereits anerkannten, von der

---

264 BGHZ 107, 351, 357; *Grunewald*, JZ 1989, 958, 959.
265 BGHZ 107, 351, 356.
266 BGHZ 107, 351, 357; *Grunewald*, JZ 1989, 958, 959.
267 *Grunewald*, JZ 1989, 958, 959.
268 *Grunewald*, JZ 1989, 958, 959.
269 BGH NJW 1982, 2190; Vgl. 4. Teil A. II. 2. a.
270 BGHZ 107, 351, 353; *Grunewald*, JZ 1989, 958, 958; Vgl. 4. Teil A. II. 3. b. bb., S. 34.
271 BGH NJW 1982, 2190, 2190; Vgl. 4. Teil A. II. 2. a., S. 23.
272 BT-Drucks. 14/6040, S. 15.

Rechtsprechung entwickelten und bewährten Grundsätze über das Fehlen und den Wegfall der Geschäftsgrundlage.[273] Denn bereits lange vor Inkrafttreten des § 313 BGB waren diese Rechtsinstitute in Rechtsprechung und Lehre anerkannt.[274]

Unabhängig davon, wie man die Problematik beurteilen mag, herrscht in Literatur[275] und Rechtsprechung[276] die Ansicht, dass die ergänzende Vertragsauslegung Vorrang hat vor der Lehre über das Fehlen bzw. den Wegfall der Geschäftsgrundlage. Letztlich ist die Lösung über die ergänzende Vertragsauslegung einfacher, da im Rahmen des § 313 BGB die Risikoverteilung berücksichtigt werden muss. Das Risiko trägt derjenige, der die Anpassung nach § 313 Abs. 1 BGB verlangt.[277] Eine entsprechende Regelung existiert im Rahmen des § 157 BGB nicht. Überdies erfordert § 313 Abs. 1 BGB, dass einem Teil das Festhalten am unveränderten Vertrag nicht zugemutet werden kann. Folglich sind die hier gestellten Anforderungen höher. Das wird auch im Gesetzesentwurf deutlich, der davon spricht, die bisher anerkannten strengen Anforderungen an den Wegfall der Geschäftsgrundlage im Zuge der Kodifizierung aufrecht zu erhalten.[278] Aus heutiger Sicht wäre eine Lösung der exemplarisch dargestellten Sachverhalte anhand von § 313 BGB denkbar. Jedoch hätte auch zuvor eine Lösung über die Geschäftsgrundlagenlehre erfolgen können, auch wenn sie nicht kodifiziert war. Schließlich

---

273 BT-Drucks. 14/6040, S. 93, 175; *Finkenauer* in: MüKo BGB Bd. 2, § 313 Rn. 26; *Stadler* in: Jauernig, § 313 Rn. 1; *Krebs* in: NK-BGB Bd. 2/1, § 313 Rn. 5; *Grüneberg* in: Palandt, § 313 Rn. 1; *Unberath* in: BeckOK BGB, § 313 Rn. 1.
274 BT-Drucks. 14/6040, S. 175; RGZ 107, 78, 87 ff.; BGHZ 2, 176, 188; *Unberath* in: BeckOK BGB, § 313 Rn. 2; *Finkenauer* in: MüKo BGB Bd. 2, § 313 Rn. 26; *Krebs* in: NK-BGB Bd. 2/1, § 313 Rn. 4.
275 Larenz/Wolf, AT, 2004, § 38 Rn. 50; *Wolf* in: Soergel, § 157 Rn. 108; *Grüneberg* in: Palandt, § 313 Rn. 10; *Roth* in: Staudinger, § 157 Rn. 9; *Armbrüster* in: Erman, § 157 Rn. 15; *Wendtland* in: BeckOK BGB, § 157 Rn. 32; differenzierend *Busche* in: MüKo BGB Bd. 1, § 157 Rn. 35.
276 BGHZ 81, 135, 143; 164, 286, 292; BGH NJW 2012, 526, 527; NJW-RR 1989, 775, 776; 1999, 923, 924; 2008, 562, 563.
277 BGHZ 74, 370, 373; BGH NJW 1992, 2690, 2691; *Finkenauer* in: MüKo BGB Bd. 2, § 313 Rn. 59; *Teichmann* in: Soergel (12. Aufl. 1990), § 242 Rn. 237; Vgl. *Unberath* in: BeckOK BGB; § 313 Rn. 27.
278 BT-Drucks. 14/6040, S. 176.

birgt der Weg über die ergänzende Vertragsauslegung weniger Risiken und ist mithin, aufgrund nicht zu beachtender Risikoverteilung, vorzugswürdig.

c. Veraltetes Gesetzesrecht

Des Weiteren tritt das dispositive Recht hinter einer ergänzenden Vertragsauslegung zurück, wenn es veraltet ist und die Anwendung der entsprechenden Normen auf den jeweiligen Sachverhalt zu keinem zeitgemäßen Ergebnis führen würde.[279] Als Beispiel kann die Regelung des § 131 Nr. 4 BGB a.F. fungieren. Ein entsprechendes Urteil ergibt sich anhand der Entscheidung des II. Zivilsenats[280] am 23.11.1978. Streitgegenständlich war eine als Familienunternehmen gegründete KG. Nach dem Tod des persönlich haftenden Gesellschafters bestand unter den übrigen Gesellschaftern Uneinigkeit über Rechtsform und Zukunft der Gesellschaft. § 15 Abs. 4 und 5 des Gesellschaftsvertrages (GV) enthielten folgende Regelungen:

> *§ 15 Abs. 4: Kündigt ein Gesellschafter die Gesellschaft oder wird er ausgeschlossen, oder fällt er in Konkurs, so wird die Gesellschaft nicht aufgelöst, sondern von den übrigen Gesellschaftern fortgesetzt, falls diese eine Fortsetzung beschließen.*
>
> *§ 15 Abs. 5: Handelt es sich bei dem ausscheidenden Gesellschafter um den Komplementär, so beschließen die Erschienenen zu 2 und 3 und Herr A (die Parteien) schon jetzt, die Gesellschaft als offene Handelsgesellschaft fortzuführen, falls nicht einer von ihnen persönlich haftender Gesellschafter wird und die Firma als KG fortgeführt wird.*

Es wird deutlich, dass die Parteien alle wesentlichen Fälle des Ausscheidens eines Gesellschafters geregelt haben (§ 15 Abs. 4 GV: Kündigung, Ausschluss, Konkurs des Gesellschafters). Lediglich für den Fall des Todes des Komplementärs enthält der Vertrag keine entsprechende Vorschrift. Gerade vor diesem Hintergrund ist zu prüfen, ob es sich um eine ungewollte Lücke handelt, welche durch eine sich sinnvoll in das übrige Vertragswerk einfügende Regelung im Wege ergänzender Vertragsauslegung auszufüllen ist.[281]

---

279 BGH NJW 1979, 1705, 1706; *Roth* in: Staudinger, § 157 Rn. 26; *Busche* in: MüKo BGB Bd. 1, § 157 Rn. 46; *Looschelders* in: NK-BGB Bd. 1, § 157 Rn. 12.
280 Die nachfolgenden Sachverhaltsdarstellungen sind aus BGH NJW 1979, 1705 entnommen.
281 BGH NJW 1979, 1705, 1706.

Den Vorrang dispositiven Rechts verneint das Gericht mit der Begründung, dass das handelsrechtliche Personengesellschaftsrecht in weiten Teilen den geänderten wirtschaftlichen Verhältnissen nicht mehr gerecht wird.[282] Aus diesem Grund hat eine ergänzende Vertragsauslegung zu erfolgen, die auf den objektiven, mutmaßlichen Willen der Vertragsschließenden abstellt und eine gerechte Lösung für den vorliegenden Einzelfall ermöglicht. Der Gesellschaftsvertrag der KG dient als Grundlage, um zu ermitteln, wie die Gesellschafter den offengebliebenen Punkt unter Berücksichtigung von Treu und Glauben geregelt hätten, wenn sie ihn bei Vertragsschluss bedacht hätten.[283] Das führt zu dem Ergebnis, dass § 15 Abs. 5 GV ergänzend dahin auszulegen ist, dass dieser auch bei dem Tod des persönlich haftenden Gesellschafters anzuwenden ist.[284] Demzufolge ist die Gesellschaft nicht nur bei einem Ausscheiden des Komplementärs aufgrund von Kündigung, Ausschluss oder Konkurs weiterzuführen, sondern auch im Todesfall des Selbigen.

Da es der Wille der Gesellschafter war, die Gesellschaft in jedem Falle weiterzuführen, passt die gesetzliche Regelung der §§ 161 Abs. 2, 131 Nr. 4 HGB a.F. vorliegend nicht. Rechtsfolge der §§ 161 Abs. 2, 131 Nr. 4 HGB a.F. wäre die Auflösung der Gesellschaft infolge des Todes des persönlich haftenden Gesellschafters. Der Wille der Parteien wird zum einen aufgrund der Regelung des § 15 Abs. 4 GV deutlich, der alle übrigen Umstände des Ausscheidens eines Gesellschafters regelt. Zum anderen haben sie stets den Willen der Fortführung der Gesellschaft zum Ausdruck gebracht (z.B. durch Einbringung der Arbeitskraft und Dienste in die KG (§ 5 Abs. 3 GV), Arbeit im Unternehmen wurde zum Mittelpunkt der beruflichen Tätigkeit).[285]

---

282 BGH NJW-RR 1986, 256, 256 (explizit für § 131 Nr. 4 HGB a.F.); BGHZ 107, 351, 355; 123, 281, 286; BGH NJW 1979, 1705, 1706; *Busche* in: MüKo BGB Bd. 1, § 157 Rn. 46; *Looschelders* in: NK-BGB Bd. 1, § 157 Rn. 12.
283 BGH NJW 1979, 1705, 1706; Vgl. *Schäfer* in: Staub, § 105 Rn. 197; *Flume*, AT Bd. I/1, 1977, § 2 V S. 32 f.
284 BGH NJW 1979, 1705, 1706.
285 BGH NJW 1979, 1705, 1706.

d. Modernisiertes Gesetzesrecht

Diese Vorrangstellung der ergänzenden Vertragsauslegung findet ihr Ende jedoch dort, wo der Gesetzgeber durch neues Gesetzesrecht interessengerechte Lösungen geschaffen hat.

So hat der Gesetzgeber die Regelung des § 131 Nr. 4 HGB a.F. durch das HRefG 1998[286] geändert und die Norm nach Maßgabe der Rechtsprechung des BGH angepasst.[287] Gemäß § 131 Abs. 3 Nr. 1 HGB führt der Tod des Gesellschafters nun zu dessen Ausscheiden aus der Gesellschaft, soweit vertraglich nichts Abweichendes vereinbart wurde, und nicht mehr zur Auflösung der Gesellschaft.

e. Zwischenergebnis

Unter Würdigung der Erkenntnisse zu den gesellschaftsrechtlichen Besonderheiten zeigt sich, dass die Rechtsprechung sich der ergänzenden Vertragsauslegung bedient, wenn es um die Lückenfüllung von Gesellschaftsverträgen geht, soweit der Gesetzgeber nicht mithilfe neuen Gesetzesrechts interessengerechte Normen geschaffen hat.[288] Mitunter stellt die ergänzende Vertragsauslegung jedoch nicht immer das passende Instrument dar.[289] Umgekehrt zieht die Rechtsprechung andere Regelungen, wie etwa die des § 139 BGB, einer ergänzenden Vertragsauslegung vor, obwohl diese geeignet wäre, den Sachverhalt zu lösen.[290] Unabhängig von der Wahl des Instruments zeigt sich aber im Einzelfall[291], dass beide Wege zum gleichen Ergebnis führen.

---

286 Gesetz zur Neuregelung des Kaufmanns- und Firmenrechts und zur Änderung anderer handels- und gesellschaftsrechtlicher Vorschriften (Handelsrechtsreformgesetz) vom 22.06.1998.
287 BGBl. I, S. 1474, 1476 (zunächst als § 131 Abs. 2 HGB), 1482 („§ 131 Abs. 2 wird zu Abs. 3"); *Wolf* in: Soergel, § 157 Rn. 159; *Looschelders* in: NK-BGB Bd. 1, § 157 Rn. 52.
288 Vgl. 4. Teil A. II. 3.
289 Vgl. Ausführungen 4. Teil A. II. 3. a.
290 Vgl. Ausführungen 4. Teil A. II. 3. b. bb.
291 Vgl. Ausführungen 4. Teil A. II. 3 a., b. bb.

4. Parteiwille

Das vorstehend Gesagte verliert jedoch seine Bedeutung, wenn der konkludent oder ausdrücklich erklärte Parteiwille die Anwendung dispositiven Rechts ausschließt, weil es den Vertragsparteien stets freisteht, das dispositive Recht für ihre Vertragsbeziehung für nicht maßgeblich zu erklären.[292]

5. Weiterentwickelte Formel der Typizität des Rechtsgeschäfts

Auf Basis der bisherigen Darstellungen ist die in der Literatur angeführte Formel zur Typizität des Rechtsgeschäfts weiterzuentwickeln. Die Anwendbarkeit des dispositiven Rechts bzw. der Vorrang der ergänzenden Vertragsauslegung können modellhaft dargelegt werden. Die 1. Dimension des Modells beschreibt die Nähe zum Gesetz. Soweit das Gesetz eine Regelung für den betreffenden Vertrag bereithält, etwa weil es sich um einen gesetzlich geregelten Vertragstyp handelt oder einzelne Elemente eines Vertrages gesetzestypisch ausgestaltet sind, gelangt dispositives Recht zur Anwendung. Soweit das Gesetz – auch bei einem gesetzlichen Typenvertrag – lückenhaft ist, mithin keine passende Lösung bieten kann, oder ein rein atypischer Vertrag vorliegt, ist die Lücke im Wege ergänzender Vertragsauslegung zu schließen. Die 2. Dimension des Modells bildet der Parteiwille. Das bedeutet, dass die Nähe zum Gesetz (1. Dimension) stets unerheblich ist, wenn die Parteien mittels ausdrücklich oder konkludent erklärtem Parteiwillen die Anwendbarkeit des dispositiven Rechts ausschließen.

B. Hypothetischer Parteiwille

Findet dispositives Recht mithin keine Anwendung, so ist die Lücke der vertraglichen Vereinbarung dem hypothetischen Parteiwillen entsprechend zu ergänzen.[293] Gemäß ständiger Rechtsprechung[294] ist angesichts aller

---

292 BGH NJW-RR 1990, 817, 818; BAG BB 1980, 580, 581; *Roth* in: Staudinger, § 157 Rn. 24; *Busche* in: MüKo BGB Bd. 1, § 157 Rn. 46.
293 BGH NJW-RR 2005, 1619, 1621; 2006, 496, 498; 2006, 632, 634; 2008, 562, 563; *Roth* in: Staudinger, § 157 Rn. 30; *Armbrüster* in: Erman, § 157 Rn. 20; *Looschelders* in: NK-BGB Bd. 1, § 157 Rn. 21.
294 BGHZ 9, 273, 278; 84, 1, 7; 111, 214, 217 f.; 127, 138, 142; 164, 286, 292; 169, 215, 219; 185, 166, 172 f.; 192, 252, 258 f.; BGH NJW 2002, 2310, 2311; 2010, 522, 525.

möglichen Umstände zu ermitteln, was redliche und verständige Parteien in Kenntnis der Regelungslücke nach dem Vertragszweck und bei sachgemäßer Abwägung der beiderseitigen Interessen nach Treu und Glauben vereinbart hätten. In diesem Sinne ergibt sich der hypothetische Parteiwille als ein normatives Kriterium.[295] Zudem wird deutlich, dass ein individueller, an den Parteiinteressen orientierter Maßstab anzulegen ist.[296] An dieser Stelle zeigt sich die Abgrenzung der ergänzenden Vertragsauslegung von der Gesetzesauslegung. Bei der Auslegung von Gesetzen geht es um die Ermittlung des in der Norm verwirklichten, objektivierten Willens des Gesetzgebers.[297] Sie orientiert sich an dem mit dem Gesetz verfolgten Zweck; der Maßstab ist gesetzgeberisch-generalisierender Natur.[298] Bei der ergänzenden Vertragsauslegung soll das Rechtsgeschäft aus den im konkreten Vertrag auffindbaren Anhaltspunkten heraus ergänzt werden.[299] Der Richter soll die Wertungen der Beteiligten zu Ende denken und nicht seine Ansicht in die Ergänzung des Vertrages einbringen.[300] Anhand der in ständiger Rechtssprechung ergangenen Definition[301] des hypothetischen Parteiwillens ergeben sich als bei einer ergänzenden Vertragsauslegung zu berücksichtigende Faktoren Vertragszweck, Vertragsinhalt (objektive Kriterien) und

---

295 *Wolf* in: Soergel, § 157 Rn. 131; *Mansel* in: Jauernig, § 157 Rn. 4; *Larenz/Wolf*, AT, 2004, § 28 Rn. 116; *Flume*, AT Bd. II, 1992, § 16 4a S. 322; *Sandrock*, 1966, S. 95 ff.; *Säcker*, FS H.P. Westermann 2008, 617, 621.
296 *Busche* in: MüKo BGB Bd. 1, § 157 Rn. 47; *Roth* in: Staudinger, § 157 Rn. 32; *Larenz/Wolf*, AT, 2004, § 28 Rn. 117; *Sandrock*, 1966, S. 92 f.; *Bechthold*, BB 1983, 1636, 1639; a.A. *Canaris*, 1983, S. 53 f.; *Lorenz*, VersR 2001, 96, 97.
297 BGHZ 46, 74, 76; 49, 221, 223; BGH NJW-RR 2009, 1714, 1715; *Roth* in: Staudinger, § 157 Rn. 30; *Looschelders* in: NK-BGB Bd. 1, Anhang zu § 133 Rn. 2; Vgl. *Säcker* in: MüKo BGB Bd. 1, Einleitung Rn. 124; *Enneccerus-Nipperdey*, 1. Halbbd., 1959, § 54 II; *Siebert*, 1958, S. 42.
298 *Roth* in: Staudinger, § 157 Rn. 30; *Busche* in: MüKo BGB Bd. 1, § 133 Rn. 49; Vgl. *Larenz*, Methodenlehre, 1991, S. 313 f.
299 RGZ 136, 178, 185; BGHZ 19, 110, 112; BGH NJW 2002, 2310, 2311; NJW-RR 2012, 1223, 1224; *Busche* in: MüKo BGB Bd. 1, § 157 Rn. 47; *Wolf* in: Soergel, § 157 Rn. 129; *Armbrüster* in: Erman, § 157 Rn. 20; *Brox*, 1960, S. 132 ff.
300 *Busche* in: MüKo BGB Bd. 1, § 157 Rn. 47; *Larenz/Wolf*, AT, 2004, § 28 Rn. 120; *Ehricke*, RabelsZ 60 (1996), 661, 685; *Yung*, ZBernJV 1961, 41, 48.
301 Vgl. 4. Teil B., S. 41 f.

Parteiinteressen (subjektives Kriterium).[302] In seiner Entscheidung vom 30.03.1990 bezeichnete der V. Zivilsenat[303] den Vertragsinhalt wörtlich als „Stütze und Richtlinie"[304] für die Ermittlung des hypothetischen Parteiwillens und unterstreicht insofern dessen Stellenwert. Des Weiteren ist der hypothetische Wille objektiv durch die Konzepte von Treu und Glauben und der Verkehrssitte determiniert.[305] Beide bilden die Tatbestandsmerkmale sowohl des § 157 BGB als auch des § 242 BGB, die, je nachdem welcher Ansicht gefolgt wird, als Grundlage für die Herleitung der ergänzenden Vertragsauslegung dienen.[306] Über die Verkehrssitte erlangt die Üblichkeit[307] Bedeutung, während durch den Grundsatz von Treu und Glauben die Billigkeit berücksichtigt wird.[308] Dieser Grundsatz indiziert überdies, dass eine ergänzende Vertragsauslegung nicht zu einem gesetzeswidrigen Ergebnis führen oder die Nichtigkeit eines Vertrages verursachen darf.[309]

Mithin ergeben sich angesichts des hypothetischen Willens, der Üblichkeit und Billigkeit drei Argumentationsebenen, zwischen denen kein klares Rangverhältnis existiert.[310] Die Rechtsprechung stellt in einem Urteil vom 14.10.1977 lediglich fest, dass Treu und Glauben und die Verkehrssitte etwaige Rechtspflichten nicht unabhängig von dem Vertragswillen der Beteiligten begründen können.[311]

---

302 BGHZ 9, 273, 277; BGH DB 1957, 454, 454; BeckRS 1963, 31398457 unter 3.; NJW 1988, 2099, 2100; 2002, 2310, 2311; NJW-RR 2005, 1421, 1422; NJW 2007, 1884, 1886 f.; BGHZ 181, 47, 60; *Busche* in: MüKo BGB Bd. 1, § 157 Rn. 47 f.; *Roth* in: Staudinger, § 157 Rn. 30; *Wolf* in: Soergel, § 157 Rn. 129.
303 BGH NJW 1990, 1723.
304 BGH NJW 1990, 1723, 1725.
305 *Brinkmann* in: P/W/W, § 157 Rn. 24; *Busche* in: MüKo BGB Bd. 1, § 157 Rn. 51 f.; *Roth* in: Staudinger, § 157 Rn. 31; Vgl. *Wolf* in: Soergel, § 157 Rn. 129; *Looschelders* in: NK-BGB Bd. 1, § 157 Rn. 21.
306 Näheres hierzu siehe Grundsatzdiskussion im 3. Teil B.
307 *Roth* in: Staudinger, § 157 Rn. 31; *Medicus*, AT, 2010, Rn. 343.
308 BAG DB 1966, 1400, 1400; LAG Bremen BB 1975, 839, 839 f.; *Roth* in: Staudinger, § 157 Rn. 31; *Medicus*, AT, 2010, Rn. 343.
309 BGH NJW 1970, 468, 468 f.; *Busche* in: MüKo BGB Bd. 1, § 157 Rn. 157; *Armbrüster* in: Erman, § 157 Rn. 24; Vgl. *Brinkmann* in: P/W/W, § 157 Rn. 29; *Ehricke*, RabelsZ 60 (1996), 661, 689.
310 *Roth* in: Staudinger, § 157 Rn. 32; *Medicus*, AT, 2010, Rn. 344.
311 BGH NJW 1978, 695, 695.

Das Gegenteil des hypothetischen Parteiwillens bildet der tatsächliche Wille der Parteien. Die ergänzende Vertragsauslegung darf nicht zu einem Ergebnis führen, das im Widerspruch zu dem tatsächlich Gewollten steht.³¹² Mithin darf auch dieser nicht außer Acht gelassen werden. Die Definition der Rechtsprechung könnte insofern wie folgt ergänzt werden:

> *Gemäß ständiger Rechtsprechung ist angesichts aller möglichen Umstände zu ermitteln, was redliche und verständige Parteien in Kenntnis der Regelungslücke nach dem Vertragszweck und bei sachgemäßer Abwägung der beiderseitigen Interessen nach Treu und Glauben vereinbart hätten*³¹³ *(hypothetischer Parteiwille). Diese Auslegung darf jedoch nicht zu einem Ergebnis führen, welches im Widerspruch zu dem tatsächlich Gewollten der Parteien steht.*³¹⁴

C. Die Ausprägungen der ergänzenden Vertragsauslegung

Die bisherigen Darstellungen und Analysen zeigen bereits, dass die ergänzende Vertragsauslegung über einen ausgedehnten Anwendungsbereich³¹⁵ verfügt. Sie wird indes nicht immer im klassischen Sinne eingesetzt. Zudem könnte stellenweise ein anderes Instrument besser passen.

Vor diesem Hintergrund wird folgende Hypothese aufgestellt: Die ergänzende Vertragsauslegung wird in unterschiedlichen Ausprägungen verwendet, die sich auch in der Reichweite ihres Anwendungsbereichs unterscheiden. Sie umfasst womöglich nicht nur die Ergänzung konkreter Vertragslücken für den Einzelfall, sondern auch jene Lückenfüllung, die eine Ergänzung bzw. Fortbildung des objektiven Rechts über den Einzelfall hinaus darstellt.

---

312 BGHZ 9, 273, 279; BGH NJW 1995, 1212, 1213; *Ellenberger* in: Palandt, § 157 Rn. 8; *Wolf* in: Soergel, § 157 Rn. 125; *Wendtland* in: BeckOK BGB, § 157 Rn. 43.
313 BGHZ 9, 273, 278; 84, 1, 7; 111, 214, 217 f.; 127, 138, 142; 164, 286, 292; 169, 215, 219; 185, 166, 172 f.; 192, 252, 258 f.; BGH NJW 2002, 2310, 2311; 2010, 522, 525.
314 Vgl. Fn. 312; Vgl. auch 4. Teil A. II. 3 a., S. 31.
315 Siehe nur 3. Teil A. III.

I. Das Mehr-Ebenen-Modell der ergänzenden Vertragsauslegung

Zur Veranschaulichung der aufgestellten Hypothese kann ein Mehr-Ebenen-Modell entwickelt werden.

Abzugrenzen ist zunächst die stets vorrangige[316], eigentliche Auslegung, die mithin dem Anwendungsbereich des Modells vorgelagert ist.

1. *Ergänzung konkreter Vertragslücken*

Die Funktion der ergänzenden Vertragsauslegung im klassischen Sinne, Lücken eines Vertrages anhand individueller Regelungen zu schließen[317], bildet die erste Ebene des Modells. Generell ist hier der Parteiwille aus dem konkreten Vertrag „herauszulesen" und zu Ende zu denken. Diese Ebene beinhaltet effektiv zwei Bereiche.

a. Analogieähnliche ergänzende Vertragsauslegung

Die analogieähnliche ergänzende Vertragsauslegung ist einschlägig, wenn eine Vertragslücke quasi in Analogie zu einer bereits vorhandenen vertraglichen Regelung geschlossen wird. Möglicherweise verfügt diese Ausprägung der ergänzenden Vertragsauslegung über einen engen Anwendungsbereich, da derart gelagerte Analogiefälle grundsätzlich unproblematisch sind und die Gerichte weniger beschäftigen werden.

b. Rechtsfortbildung extra legem

Daneben kann eine ergänzende Vertragsauslegung in Form einer Rechtsfortbildung extra legem auf Vertragsebene bestehen. Für einen konkreten Vertrag wird in ergänzender Auslegung eine individuelle, lediglich für die vertragliche Beziehung der Parteien geltende Regelung gefunden, welche nicht aus dem dispositiven Recht hergeleitet werden kann, da dieses über keine passende Norm verfügt oder gar lückenhaft ist.

---

316 BGH NJW-RR 2009, 593, 594 f.; *Busche* in: MüKo BGB Bd. 1, § 157 Rn. 26; *Looschelders* in: NK-BGB Bd. 1, § 157 Rn. 6; *Wendtland* in: BeckOK BGB, § 157 Rn. 34; *Brinkmann* in: P/W/W, § 157 Rn. 15; *Flume*, AT Bd. II, 1992, § 16 4a S. 323; *Bork*, 2011, Rn. 533.

317 RGZ 87, 211, 213; 92, 318, 320; BGHZ 9, 273, 277 f.; 77, 301, 304; *Roth* in: Staudinger, § 157 Rn. 4; *Ellenberger* in: Palandt, § 157 Rn. 2.

2. Rechtsfortbildung auf Gesetzesebene

Auf der zweiten Ebene nimmt die ergänzende Vertragsauslegung die Rolle einer das Recht fortbildenden Funktion auf Gesetzesebene ein. Notwendig wird eine solche Rechtsfortbildung, wenn kein individuelles, sondern ein kollektives Bedürfnis für die Entwicklung einer Maßregel besteht. Folglich benötigt ein Kollektiv eine bestimmte einheitliche Regelung für einen Vertragstyp, der häufig verwendet wird. Ist das dispositive Recht an entsprechenden Stellen unpassend oder lückenhaft, wird es (über die ergänzende Vertragsauslegung) ergänzt respektive fortgebildet. Es erfolgt faktisch eine Fortbildung des objektiven Rechts, so dass die Rechtsprechung Sachverhalte lösen kann, deren Entscheidung nicht auf den Wortlaut oder den Zweck vorhandener Gesetzesnormen zu stützen ist.[318] Somit können grundlegende Unvollständigkeiten des Gesetzes überwunden werden. Der individuelle Vertragsbezug entfällt.

3. Herstellung von Vertragsgerechtigkeit

Neben diesen eigenständigen Ausprägungen ist die Herstellung von Vertragsgerechtigkeit als Ebenen übergreifendes Ziel zu verwirklichen. Die Intention ist mithin, neben der objektiven Lückenfeststellung und -ausfüllung, den individuellen Interessen und Vorstellungen der Beteiligten gerecht zu werden.

---

318 *Roth/Schubert* in: MüKo BGB Bd. 2, § 242 Rn. 23; Vgl. *Mansel* in: Jauernig, § 242 Rn. 9; *Weber*, JuS 1992, 631, 635 f.

4. Illustrierte Version des Modells

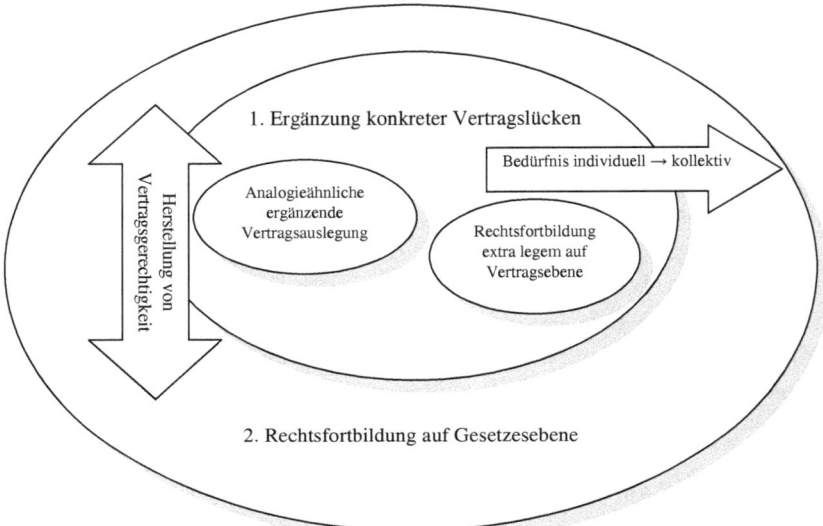

II. Prüfung des erarbeiteten Modells

Die aufgestellte Hypothese und das entwickelte Modell sollen anhand richterlicher Spruchpraxis auf ihren Wahrheitsgehalt hin überprüft werden.

Prinzipiell sind in der Vergangenheit zahlreiche Entscheidungen zur Thematik der ergänzenden Vertragsauslegung ergangen.[319] Viele von ihnen verfügen jedoch über keine besondere Aussagekraft. Deshalb dienen lediglich ausgewählte, möglichst aussagekräftige Urteile als Grundlage der hiesigen Analyse.

---

319 Vgl. allein *Beck-Online*, Rechtsprechung des BGH zur ergänzenden Vertragsauslegung, Anzahl der ergangenen Urteile: 2.645.

1. Gesellschaftsrechtliche Entscheidungen in der Prüfung
a. Gesellschaftsrechtliches Konkurrenzverbot

In seiner Entscheidung vom 16.10.1989 beschäftigte sich der II. Zivilsenat[320] mit einem Konkurrenzverbot, welches für den kündigenden Gesellschafter einer GmbH vereinbart wurde. Der diesbezüglich verfasste § 17 der Satzung lautete in etwa wie folgt:

Der ausscheidende Gesellschafter unterliegt für die Dauer von fünf Jahren einem uneingeschränkten Wettbewerbsverbot hinsichtlich jener Mandanten, die im Zeitpunkt des Ausscheidens des Gesellschafters Mandanten der GmbH sind.

Der beklagte, als Steuerberater tätige, Gesellschafter – Geschäftsführer, der 40 % der Anteile an der klagenden GmbH hielt, legte, unter Beibehaltung seiner Gesellschafterstellung, sein Amt als Geschäftsführer unter gleichzeitiger Kündigung seines Anstellungsverhältnisses zum 31.08.1986 nieder. Am 01.10.1986 eröffnete er ein eigenes Steuerberaterbüro. Dort soll er die Mehrheit der ehemaligen Büroangestellten der GmbH beschäftigt und deren bisherige Mandanten betreut haben. Die Klägerin beantragte u.a., dem Beklagten eine Steuerberatertätigkeit unter diesen Voraussetzungen zu untersagen. Das Berufungsgericht wies die Klage unter der Annahme, der Beklagte dürfe den Kundenstamm mitnehmen, solange er Gesellschafter der GmbH bleibe, ab.

Diese Annahme ist rechtsfehlerhaft und beruht auf einer Wortlautauslegung des § 17 der Satzung. Der Sinngehalt der Regelung über den Wortlaut hinaus und die Mandantenschutzvereinbarung werden nicht hinreichend berücksichtigt.[321] Der Fall, dass der Beklagte lediglich sein Geschäftsführeramt niederlegt, als Gesellschafter aber weiterhin der GmbH angehört, ist nicht explizit geregelt. Der Umstand erweist sich aufgrund des vorliegenden Rechtsstreits jedoch als regelungsbedürftig. Diese Lücke ist im Wege einer ergänzenden Vertragsauslegung nach § 157 BGB zu schließen.[322] Das Konkurrenzverbot ist auf den nicht geregelten, diesem aber ähnlichen

---

320 Die folgenden Ausführungen zum Sachverhalt sind aus BGH NJW-RR 1990, 226 entnommen.
321 BGH NJW-RR 1990, 226, 226.
322 BGH NJW-RR 1990, 226, 227.

Sachverhalt zu erstrecken.[323] Mithin ergibt sich ein Konkurrenzverbot auch für den Fall der vorzeitigen Niederlegung des Geschäftsführeramtes unter Beibehaltung der Gesellschafterstellung.[324]

Diese Entscheidung des BGH kann auf der ersten Ebene des entwickelten Modells als analogieähnliche ergänzende Vertragsauslegung eingeordnet werden. Denn es existiert eine Klausel für einen Fall A (Konkurrenzverbot für den ausscheidenden Gesellschafter), für einen Fall B (Konkurrenzverbot für die Niederlegung des Geschäftsführeramtes unter Beibehaltung der Gesellschafterstellung) liegt keine Vereinbarung vor. Beide Fälle sind jedoch ähnlich gelagert, so dass die Regelung des Falles A auf den Fall B analogieähnlich übertragen werden kann.

b. Fortführung der Gesellschaft im Todesfall

Eine weitere, als analogieähnliche ergänzende Vertragsauslegung einzustufende Entscheidung ist die des II. Zivilsenats[325] vom 23.11.1978. Hier hatten die Gesellschafter alle wesentlichen Fälle des Ausscheidens eines Gesellschafter bzw. des Komplementärs bedacht und stets die Fortführung der Gesellschaft bestimmt. Lediglich den Fall des Todes des Komplementärs hatten sie nicht bedacht. Fall A (Fortführung der Gesellschaft bei Ausscheiden des Komplementärs aufgrund von Kündigung, Ausschluss oder Konkurs) ist in analoger Weise um den Fall B (Fortführung der Gesellschaft im Falle des Todes des Komplementärs) zu ergänzen.

c. Vertraglich vereinbarte Ausschließungsklausel

Wird die Entscheidung des II. Zivilsenats[326] hinsichtlich der gesellschaftsvertraglichen Ausschließungsklausel, entgegen der höchstrichterlichen Auffassung, mithilfe der ergänzenden Vertragsauslegung gelöst, kann diese auf der ersten Ebene des Modells als Rechtsfortbildung extra legem auf Vertragsebene eingeordnet werden. Der in Rede stehende § 10 Nr. 3 GV ist dahingehend zu Ende zu denken, dass ein Ausschluss aus wichtigem

---

323 BGH NJW-RR 1990, 226, 227; *Looschelders* in: NK-BGB Bd. 1, § 157 Rn. 66; *Roth* in: Staudinger, § 157 Rn. 62.
324 BGH NJW-RR 1990, 226, 227.
325 Vgl. 4. Teil A. II. 3. c.
326 BGHZ 107, 351.

Grund gestattet wird, welcher mittels Gestaltungserklärung des Ausschließungsberechtigten erfolgt.[327] Auf diese Weise wird die in § 140 Abs. 1 HGB vorgesehene gerichtliche Ausschließungsklage umgangen, welche zeit- und kostenintensiver, mithin unökonomischer, wäre. Die Parteien werden aber stets eine ökonomische Lösung bevorzugen, so dass dem Ausschluss durch bloße Erklärung der Vorzug zu gewähren ist.

d. Abfindungsklauseln

Im Bereich der gesellschaftsrechtlichen Abfindungsklauseln im Personengesellschaftsrecht urteilte der BGH wiederholt, dass eine nichtige gesellschaftsvertragliche Abfindungsklausel im Wege der ergänzenden Vertragsauslegung, unter Abbedingung des § 738 BGB, um eine „angemessene Abfindung" zu ersetzen ist.[328] Eine gesellschaftsvertragliche Klausel, die aufgrund groben Missverhältnisses unwirksam ist, ist gemäß dem II. Zivilsenat durch eine angemessene Abfindung zu ersetzen, deren Bemessung „unter Berücksichtigung der von den Beteiligten mit der Abfindungsregelung verfolgten Zwecke und der zwischenzeitlich eingetretenen Änderung der Verhältnisse (…) zu erfolgen hat".[329] Die unterinstanzlichen Gerichte subsumieren ähnlich gelagerte Sachverhalte ebenfalls unter diesen Leitsatz.[330]

Die Eignung des ergänzenden Vertragsauslegung zur Lösung dieser Sachverhalte ist teilweise umstritten.[331] Betrachtet man jedoch die angeführten, bereits mithilfe einer ergänzenden Vertragsauslegung gelösten Sachverhalte, so wird deutlich, dass diese über den Einzelfall hinausreichen und die ergänzende Vertragsauslegung erkennbar eine Rechtsfortbildungsfunktion auf Gesetzesebene einnimmt (2. Modellebene). Angesichts der wiederholt gleichen Urteilssprüche zeigt sich, dass das Bedürfnis eines ausscheidenden

---

327 BGHZ 107, 351, 356 f.; *Grunewald*, JZ 1989, 958, 958 f.; Vgl. auch 4. Teil A. II. 3. b. bb.
328 BGHZ 116, 359, 371; 123, 281, 284 f.; BGH NJW 1983, 2880, 2881; 1985, 192, 193; 1993, 2101, 2103; OLG München NZG 2001, 662, 663; 2004, 1055, 1056; OLG Frankfurt NZG 2013, 292, 292 f.
329 BGHZ 116, 359, 371; 123, 281, 284 f.; 126, 226, 242 f.; Vgl. BGH NJW 1993, 2102, 2103.
330 Vgl. z.B. OLG München NZG 2001, 662, 663; 2004, 1055, 1056; OLG Frankfurt NZG 2013, 292, 292 f.
331 Vgl. 4. Teil A. II. 3. a., S. 30 ff.

Gesellschafters nach einer angemessenen, dem wirklichen Wert seiner Anteile entsprechenden, Abfindung kein einmaliges, sondern ein stetiges, allgemeines Bedürfnis ist. Folglich besteht ein grundsätzliches Problem der Rechtsordnung, welches einer Lösung bedarf.

2. Die Thematik der Gewährleistungsbürgschaft

In einer Entscheidung des VII. Zivilsenats[332] vom 26.03.2015 verlangte die Klägerin Schadensersatz für Kosten im Zusammenhang mit einer von ihr gestellten Gewährleistungsbürgschaft.

Die im Generalunternehmervertrag (GUV) enthaltene Sicherungsabrede lautete auszugsweise wie folgt:

§ 13 „Sicherheiten"

(2) ¹Als Sicherheit für die vertragsgemäße und mängelfreie Ausführung der Leistungen hat der AN vor Erteilung der Schlussrechnung Zug um Zug gegen Rückgabe der unter (1) genannten Vertragserfüllungsbürgschaft eine Gewährleistungsbürgschaft i.H.v. 5 % des Betrags der Schlussrechnung einschließlich MwSt zu erbringen. (...) ⁴Die Bürgschaft ist zurückzugeben, wenn alle unter die Gewährleistungsfrist fallenden Gewährleistungsansprüche nicht mehr geltend gemacht werden können, frühestens fünf Jahre nach erfolgter förmlicher Schlussabnahme, soweit der AN (...) eine Gewährleistungsbürgschaft i.H.v. 30.000 DM gestellt hat.

Nach erfolgter Abnahme der Leistungen der Auftragnehmerin (Klägerin) übernahm der Bürge die vereinbarte Gewährleistungsbürgschaft zugunsten der Klägerin gemäß der Sicherungsabrede.[333] Die Beklagte (Auftraggeberin) leitete im Nachgang selbständig zwei Beweisverfahren ein. Nach Abschluss dieser sowie zweier Hauptsacheverfahren, wovon eines vergleichsweise und eines mittels Klageabweisung aufgrund eingetretener Verjährung endete, erklärte die Beklagte eine Teilenthaftung des Bürgen und gab zehn Monate später die Bürgschaftsurkunde an die Klägerin heraus.[334]

Das Berufungsgericht hatte schließlich zu klären, woraus sich Umfang (Teil-enthaftung) und Zeitpunkt der Freigabeverpflichtung der Bürgschaft sowie die Rückgabe der entsprechenden Urkunde durch die Beklagte

---

332 Die sich anschließenden Ausführungen zum Sachverhalt sind aus BGH NJW 2015, 1952 entnommen.
333 BGH NJW 2015, 1952, 1952; *Wittler/Kupczyk*, NJW 2015, 1922, 1923.
334 BGH NJW 2015, 1952, 1952; *Wittler/Kupczyk*, NJW 2015, 1922, 1923.

ergeben. Die vertragliche Sicherungsabrede des § 13 Abs. 2 S. 4 GUV kann aufgrund ihrer Unwirksamkeit gemäß § 9 Abs. 1 AGBG (= § 307 Abs. 1 BGB n.F.) nicht als Rechtsgrundlage dienen.[335]

Die Freigabeverpflichtung der Beklagten kann sich nach Auffassung des Gerichts jedoch aus den maßgeblichen gesetzlichen Vorschriften ergeben, welche gemäß § 6 Abs. 2 AGBG (= § 306 Abs. 2 BGB n.F.) an die Stelle einer unwirksamen Klausel treten.[336] Gemäß den Ausführungen des Gerichts enthält das dispositive Recht zwar keinen Anspruch des Bestellers auf eine Gewährleistungsbürgschaft und somit keine ausdrücklichen Vorschriften über die mögliche Rückgewähr solcher Sicherheiten.[337] Eine ergänzende Vertragsauslegung gemäß §§ 133, 157 BGB könne jedoch zur Lückenfüllung herangezogen werden, wenn der Regelungsplan der Parteien aufgrund der Lücke einer Vervollständigung bedürfe.[338]

Angesichts der Akzessorietät der Bürgschaft bedarf es einer Rückgewähr der Sicherheit nach dem (teilweisen) Wegfall des Sicherungszweckes nicht.[339] Bei nicht akzessorischen fiduziarischen Sicherheiten hingegen ergibt sich aus dem zu Grunde liegenden Treuhandverhältnis (liegt bei einer Bürgschaft regelmäßig nicht vor) die Pflicht des Sicherungsnehmers die Sicherheit zurückzugeben, wenn und soweit sie endgültig nicht mehr benötigt wird.[340] Im vorliegenden Fall werden die Grundsätze, welche für nicht akzessorische Sicherheiten gelten, auf das Institut der (akzessorischen) Bürgschaft übertragen. Im Wortlaut urteilte der BGH wie folgt:

> „Der Zweck der Sicherungsvereinbarung und die Interessenlage der Parteien erfordern es, dass der Besteller die erhaltenen Rechte und Vorteile aus einer geleisteten Sicherheit nach Wegfall des Sicherungszwecks nicht mehr behalten darf. In

---

335 BGH NJW 2015, 1952, 1953.
336 BGH NJW 2015, 1952, 1954; 2014, 854, 854; *Grüneberg* in: Palandt, § 306 Rn. 12; *Basedow* in: MüKo BGB Bd. 2, § 306 Rn. 21; *Stadler* in: Jauernig, § 306 Rn. 4; *Schulte-Nölke* in: Hk-BGB, § 306 Rn. 6.
337 BGH NJW 2015, 1952, 1954; *Gerner*, LMK 2015, 369630 unter 2.
338 BGH NJW 2015, 1952, 1954; Vgl. BGH NJW 2004, 1873, 1873; 2012, 844, 845; BeckRS 2014, 21522 Rn. 70; *Gerner*, LMK 2015, 369630 unter 2.
339 BGH NJW 2015, 1952, 1955; *Habersack* in: MüKo BGB Bd. 5, § 765 Rn. 61; Vgl. *Medicus*, JuS 1971, 497, 497 f.
340 BGH NJW 2015, 1952, 1954 f., 1955; BGHZ 124, 371, 375; 133, 25, 30; 137, 212, 218 f.; BGH NJW 1997, 1570, 1572 f.

diesem Sinne können und müssen auch Rechte aus einer Bürgschaft zurückgegeben werden."[341]

Dementsprechend führe auch der teilweise Wegfall des Sicherungszwecks zu einem Rückgabeanspruch. Der Besteller habe nach Ablauf der vereinbarten Frist eine Bürgschaft insoweit freizugeben, als zu diesem Zeitpunkt keine durchsetzbaren Gewährleistungsansprüche bestehen.[342]

Die Rechtsprechung gibt anhand dieses Urteilsspruchs ein Beispiel für eine quasi das Recht fortbildende ergänzende Vertragsauslegung. Der zitierte Rechtssatz ist von generalisierender Natur, da grundsätzlich Rechte aus einer Bürgschaft zurückzugeben sind, wenn der Sicherungszweck entfallen ist. Es handelt sich um eine Rechtsfortbildung auf Gesetzesebene im Bereich des Bürgschaftsrechts. Folglich ist die Entscheidung der zweiten Ebene des Modells zuzuordnen.

3. Unwirksame Preisanpassungsklauseln in langjährigen Energielieferungsverträgen

In seinem Urteil vom 15.04.2015 befasste sich der VIII. Zivilsenat[343] mit dem Rechtsstreit zweier Parteien bezüglich der Rückzahlung von Gasentgelten aus einem langjährigen Energielieferungsvertrag. Die Beklagte, ein regionales Gasversorgungsunternehmen, erhöhte nach Vertragsschluss (1996), unter Bezugnahme auf die vertragliche Preisanpassungsklausel, wiederholt den Arbeitspreis, welchen die Klägerin pro Kilowattstunde zu zahlen hatte. Die Klägerin widersprach diesen Preiserhöhungen erstmals Anfang 2005. Die vertragliche Preisanpassungsklausel wurde im Laufe des Verfahrens für unwirksam erklärt, da sie einer Inhaltskontrolle gemäß § 307 Abs. 1 BGB nicht standhalten konnte.

Der Energielieferungsvertrag der Parteien weist mithin in diesem Punkt eine Lücke auf. Gemäß der Darlegung des VIII. Zivilsenats ist diese Regelungslücke nach gefestigter Rechtsprechung im Wege einer ergänzenden Vertragsauslegung zu schließen.[344] Demnach kann die Klägerin die

---

341 BGH NJW 2015, 1952, 1955; 2009, 218, 219; RGZ 156, 164, 166.
342 BGH NJW 2015, 1952, 1955; *Gerner*, LMK 2015, 369630 unter 2.
343 Nachfolgende Angaben zum Sachverhalt gemäß BGH BeckRS 2015, 09081.
344 BGHZ 192, 372, 377; 198, 111, 139; BGH NJW 2014, 3639, 3640 f.; 2015, 1167, 1169; BeckRS 2012, 07968 Rn. 30; 2013, 02809 Rn. 21; 2013, 02661 Rn. 23.

Unwirksamkeit derjenigen Preiserhöhungen nicht geltend machen, die zu einem den vereinbarten Anfangspreis übersteigenden Preis führen, wenn sie sie nicht innerhalb von drei Jahren nach Zugang der jeweiligen Jahresabrechnungen, in der die Preiserhöhung erstmals berücksichtigt wurde, beanstandet hat.[345] Der Senat geht nämlich in gefestigter Rechtsprechung davon aus, dass bei langfristigen Energielieferungsverträgen, bei denen der Kunde längere Zeit Preiserhöhungen hingenommen hat und diese nun, auch für längst vergangene Zeitabschnitte, geltend macht, eine durch die Unwirksamkeit oder die unwirksame Einbeziehung einer Preisanpassungsklausel entstandene Regelungslücke regelmäßig dadurch zu schließen ist, dass statt des Anfangspreises der Preis als vereinbart gilt, dem der Kunde nicht rechtzeitig widersprochen hat.[346]

Bereits der Wortlaut dieser Entscheidungspraxis widerspricht dem Charakter einer ergänzenden Vertragsauslegung. Zum einen entspricht diese Praxis *gefestigter* Rechtsprechung; zum anderen ist die entstandene Regelungslücke *regelmäßig* derart zu schließen, dass der unbeanstandet gebliebene Preis an die Stelle des Anfangspreises tritt. Es handelt sich mithin nicht um die Ergänzung einer konkreten Lücke für den Einzelfall. Die Problematik unwirksamer Preisanpassungsklauseln in langjährigen Energielieferungsverträgen ergibt sich vielmehr häufiger. Das dispositive Recht ist an dieser Stelle jedoch lückenhaft, so dass die in gefestigter Rechtsprechung ergangene Lösung einer das Recht fortbildenden Regelung entspricht. Mithin hat die Rechtsprechung zur Bewältigung dieser Gesetzeslücke mittels einer vermeintlichen ergänzenden Vertragsauslegung eine verdeckte Rechtsfortbildung durchgeführt.

Das Urteil des VIII. Zivilsenats ist somit der zweiten Ebene des entwickelten Modells zuzuordnen, da die Lückenfüllung im Wege einer (vermeintlichen) ergänzenden Vertragsauslegung im Ergebnis zu einer Rechtsfortbildung auf Gesetzesebene führt.

---

345 Siehe Nachweise Fn. 344.
346 BGH BeckRS 2015, 09081 Rn. 27; Siehe auch BGHZ 192, 372, 376; BGH NJW 2014, 1877, 1878; BeckRS 2012, 07968 Rn. 24 f.; 2013, 02809 Rn. 19 f.; 2013, 02661 Rn. 21 f.

4. Das Vertragsergänzungskonzept

Des Weiteren wurde in der Vergangenheit ein Ansatz entwickelt, welcher die Regelung des § 434 Abs. 1 S. 2 BGB über das Kaufrecht hinaus zu einem allgemein gültigen Vertragsergänzungskonzept erheben will.[347] Das Prinzip könne auf das gesamte primäre Pflichtenprogramm angewandt werden und diene mithin der Vervollständigung einer lückenhaften Vereinbarung, wenn weder eine Parteiabrede noch gesetzliche Vorschriften vorhanden seien.[348] Abzustellen sei auf den objektiven Empfängerhorizont, der sich nicht abstrakt festlegen lasse, sondern unter Berücksichtigung parteispezifischer und allgemeiner Umstände zu ermitteln sei.[349]

a. Die praktische Bedeutung des Konzepts

Die praktische Bedeutung des Konzepts wurde u.a. anhand der Entscheidung des II. Zivilsenats[350] über einen Arztpraxistausch untersucht. Hier vereinbarten zwei praktische Ärzte ihre an verschiedenen Orten gelegenen Praxen zu tauschen. Nach einiger Zeit beabsichtigte einer der Ärzte wieder an seine alte Wirkungsstätte zurückkehren und in unmittelbarer Nähe eine neue Praxis zu eröffnen. Infolgedessen klagte sein Gegenüber auf Unterlassung.

Bei Vertragsschluss hatten die Parteien die Möglichkeit der baldigen Rückkehr eines Tauschpartners in seinen ehemaligen Tätigkeitsbereich nicht bedacht und dementsprechend keine besondere Regelung getroffen.[351] Aufgrund des eingetretenen Umstandes erfordert dieser Aspekt jedoch eine Lösung. Die Vereinbarung der Parteien ist insofern lückenhaft. Der II. Zivilsenat löste den Streitpunkt mithilfe der ergänzenden Vertragsauslegung. Demnach hätten die Parteien bei verständiger Würdigung des mit dem Praxistausch verfolgten Zwecks ein entsprechendes Konkurrenzverbot vereinbart, wenn sie die Rückkehr eines Vertragsteils in die unmittelbare

---

347 *Stölting*, 2009, S. 180 ff.
348 *Stölting*, 2009, S. 241.
349 *Stölting*, 2009, S. 235.
350 BGHZ 16, 71; *Stölting*, 2009, S. 241 ff.
351 BGHZ 16, 71, 76.

Nähe seiner früheren Praxis innerhalb eines gewissen Zeitraums bedacht hätten.[352]

Das gleiche Ergebnis wird mithilfe des Vertragsergänzungskonzeptes nach § 434 Abs. 1 S. 2 BGB erzielt.[353] Dieser Ansatz erlaube aber, ein Rückkehrverbot ohne Fiktionen, wie etwa den hypothetischen Parteiwillen, zu begründen.[354]

b. Diskussion und Kritik

Der hypothetische Parteiwille stellt jedoch keine klassische Fiktion dar. Er ist vielmehr ein normatives Kriterium[355] und wird gar als „normativer Wille"[356] bezeichnet. Die Ermittlung des hypothetischen Parteiwillens erfolgt im Hinblick auf den konkreten Vertrag und die Konzepte von Treu und Glauben sowie der Verkehrssitte, durch die der hypothetische Wille objektiv determiniert wird.[357] Der BGH entschied bereits im Jahre 1953[358], dass der objektive Auslegungsmaßstab des § 157 BGB, mit seinen zuvor genannten Tatbestandsmerkmalen, zugleich unter Berücksichtigung des anzunehmenden Willens der Beteiligten anzuwenden sei.

Sicherlich wohnt dem Ganzen eine gewisse Mutmaßung inne. Aufgrund der genannten Kriterien entbehrt sich der hypothetische Parteiwille jedoch nicht jeglicher Beweisbarkeit.

Darüber hinaus ergibt sich aus dem Konzept keine besondere Neuerung. Die genannten Voraussetzungen des Entwurfs (Vertrauen bzw. berechtigte Erwartung, Schutzwürdigkeit des Vertrauens, Keine besondere Vereinbarung) sind dem Wortlaut § 434 Abs. 1 S. 2 Nr. 2 BGB zu

---

352 BGHZ 16, 71, 81.
353 *Stölting*, 2009, S. 244.
354 *Stölting*, 2009, S. 244.
355 Äußerst deutlich *Piper* in: RGRK Bd. I, § 157 Rn. 97; *Mansel* in: Jauernig, § 157 Rn. 4; *Roth* in: Staudinger, § 157 Rn. 31; *Wolf* in: Soergel, § 157 Rn. 131; *Flume*, AT Bd. II, 1992, § 16 4a S. 322; *Larenz/Wolf*, AT, 2004, § 28 Rn. 113.
356 *Wolf* in: Soergel, § 157 Rn. 131 „normativ-hypothetischer Wille".
357 Vgl. BGHZ 9, 273, 277; *Brinkmann* in: P/W/W, § 157 Rn. 24; *Busche* in: MüKo BGB Bd. 1, § 157 Rn. 51 f.; *Roth* in: Staudinger, § 157 Rn. 31; *Looschelders* in: NK-BGB Bd. 1, § 157 Rn. 21; Vgl. auch 4. Teil B.
358 BGHZ 9, 273, 278.

entnehmen.³⁵⁹ Mithin ergibt sich an dieser Stelle kein Mehrwert. Der Begriff „Vertragsergänzungskonzept" stellt jedoch eine Neuerung dar, ist präziser und umschreibt den Kern der Thematik besser als der der ergänzenden Vertragsauslegung.

Der generellen Eignung des Vertragsergänzungskonzepts zur Vervollständigung des lückenhaften Praxistauschvertrages³⁶⁰ steht das fehlende Bedürfnis für einen solchen Ansatz entgegen, da die Lücke bereits mithilfe der ergänzenden Vertragsauslegung geschlossen werden kann. Der Vertrag ist seinem Wesen nach vergleichsweise spezifisch, so dass er in der Praxis (heute) selten aufkommen wird. Das in ergänzender Vertragsauslegung bestimmte Rückkehrverbot dient mithin der Ergänzung einer konkreten Lücke für den Einzelfall. Das Urteil kann mithin der ersten Ebene des entwickelten Modells als eine Rechtsfortbildung extra legem auf Vertragsebene zugeordnet werden. Aus dem Inhalt des Praxistauschvertrages sowie dessen Zweck ergibt sich, dass ein Rückkehrverbot dem mutmaßlichen Parteiwillen entsprechen würde.³⁶¹ Das zeigt sich insbesondere daran, dass ein entsprechender Vertrag nicht geschlossen worden wäre, wenn von Anfang an die Absicht bestanden hätte, umgehend zurückzukehren.

5. *Der Vertrag mit Schutzwirkung zugunsten Dritter*

Der Begriff des Vertrags mit Schutzwirkung zugunsten Dritter wurde Mitte der 1950er-Jahre begründet.³⁶² Er bezeichnet Verträge, in deren Schutzbereich am Vertragsschluss nicht beteiligte Dritte derart einbezogen werden, dass ihnen zwar keine primären Leistungsansprüche zustehen, jedoch Verhaltens- und Leistungspflichten im Verhältnis zu ihnen verletzt werden können.³⁶³ Es handelt sich um ein selbständiges vertragsähnliches, gesetzliches

---

359 Vgl. auch *Weidenkaff* in: Palandt, § 434 Rn. 25 ff.; *Büdenbender* in: NK-BGB Bd. 2/1, § 434 Rn. 17, 27 f.; *Berger* in: Jauernig, § 434 Rn. 2, 14; *Saenger* in: Hk-BGB, § 434 Rn. 12 f.; *Faust* in: BeckOK BGB, § 434 Rn. 72.
360 Vgl. Ausführungen *Stölting*, 2009, S. 241 ff., insbes. S. 244.
361 BGHZ 16, 71, 77 f., 80, 81.
362 Der Begriff stammt von *Larenz*, NJW 1956, 1194, 1194.
363 BGHZ 49, 350, 353; 56, 269, 273; 61, 227, 233; 66, 51, 56; 133, 168, 170; BGH NJW 1965, 1757, 1757; *Stadler* in: Jauernig, § 328 Rn. 19; *Schulze* in: Hk-BGB, § 328 Rn. 12; *Larenz*, NJW 1960, 78, 79.

Schuldverhältnis³⁶⁴, auf das die §§ 328 ff. BGB überwiegend nicht anwendbar sind.³⁶⁵

Nach nahezu einhelliger Rechtsprechung und einem Teil der Literatur soll die Erstreckung der Schutzpflichten auf Dritte das Ergebnis vertraglicher Gestaltung sein, so dass die Schutzpflichten zugunsten Dritter ihre Grundlage in der ergänzenden Vertragsauslegung haben.³⁶⁶ Die andere Ansicht sieht die Rechtsgrundlage in einer durch § 242 BGB gedeckten Rechtsfortbildung.³⁶⁷ Die dogmatische Einordnung ist mithin umstritten. Zum einen wird vorgebracht, die Parteien hätten die Möglichkeit, dass auch ein Dritter zu Schaden kommen kann, gar nicht bedacht und diese deshalb nicht in ihren Regelungsplan aufgenommen. Da der Vertrag somit nichts über die Rechtsstellung eines Dritten aussage, sei er auch nicht lückenhaft³⁶⁸, so dass eine ergänzende Vertragsauslegung ausscheide. Ein anderer Teil der Literatur³⁶⁹ erkennt gerade hier die notwendige Lücke.

Das Urteil des X. Zivilsenats³⁷⁰ vom 02.07.1996 stellt aber wohl eine Abweichung der ansonsten ständigen Rechtsprechung dar. Im Zuge seiner

---

364 Vgl. BGH 66, 51, 56 f.; *Gottwald* in: MüKo BGB Bd. 2, § 328 Rn. 164; *Janoschek* in: BeckOK BGB, § 328 Rn. 46; *Esser/Schmidt*, SchuldR AT I/2, 2000, § 34 IV 2b; *Papadimitropoulos*, 2007, S. 19; *W. Lorenz*, JZ 1960, 108, 112.
365 *Gottwald* in: MüKo BGB Bd. 2, § 328 Rn. 164; *Larenz*, NJW 1956, 1194, 1194 höchstens entsprechende Anwendung, größtenteils aber gar nicht anwendbar; *ders.*, SchuldR AT I, 1987, § 17 II S. 226; *Jagmann* in: Staudinger, § 328 Rn. 90 in gewissem Umfang entsprechend anwendbar.
366 St. Rspr. RGZ 152, 175, 177; BGHZ 9, 316, 318; 127, 378, 380; 133, 168, 170; 159, 1, 4; BGH NJW 1984, 355, 356; 2001, 3115, 3116; NJW-RR 2004, 1464, 1465; *Jagmann* in: Staudinger, § 328 Rn. 93; *Grüneberg* in: Palandt, § 328 Rn. 14; *Sutschet*, 1998, S. 96 ff.; *Sieber*, 2009, S. 49 ff.; *Bell*, 1996, S. 93 ff.; *Zugehör*, NJW 2000, 1601, 1603; *ders.*, NJW 2008, 1105, 1110.
367 BGHZ 133, 168, 172; *Stadler* in: Jauernig, § 328 Rn. 21; *Armbrüster* in: Erman, § 157 Rn. 29; *Looschelders* in: NK-BGB Bd. 1, § 157 Rn. 65; *Gottwald* in: MüKo BGB Bd. 2, § 328 Rn. 164 f.; *Larenz*, SchuldR AT I, 1987, § 17 II S. 226 f.; *Gernhuber*, FS Nikisch 1958, 249, 265, 269 („Gewohnheitsrecht"); *Bayer*, JuS 1996, 473, 475 f.; *Zenner*, NJW 2009, 1030, 1033 f.
368 *Gernhuber*, FS Nikisch 1958, 249, 265; *Larenz*, SchuldR AT I, 1987, § 17 II S. 227.
369 *Bydlinski*, JBl 1960, 359, 365; *Larenz*, NJW 1960, 78, 81, der die Ansicht von *Gernhuber* (in FS Nikisch1958) jedoch als diejenige „von morgen" bezeichnet.
370 BGHZ 133, 168.

Ausführungen legt der Senat die Entwicklung des Vertrags mit Schutzwirkung zugunsten Dritter und die diesbezügliche Rechtsprechung dar.[371] Unter Würdigung der jahrelangen Gerichtspraxis bezeichnet er das Vorgehen der Gerichte als „letztlich richterliche Rechtsfortbildung"[372].

Ein anschauliches Beispiel bildet hier die Berufshaftung für Rechtsanwälte, Sachverständige, Steuerberater und Wirtschaftsprüfer, welche sich in diesem Zusammenhang herausgebildet hat.[373] Die Vertragsleistungen der genannten Personengruppen sind erkennbar zum Gebrauch gegenüber einem Dritten bestimmt.[374] Wird beispielsweise[375] ein verpflichteter Bausachverständiger von einer Hausgrundstückseigentümerin beauftragt ein Wertgutachten zu erstellen, treffen die darin enthaltenen Wertungen hauptsächlich Dritte. Denn dieses Gutachten soll bei einer späteren Veräußerung durch die Auftraggeberin an einen Käufer als Grundlage dienen, um den Zustand des Grundstücks darzulegen. Stellt sich im Anschluss heraus, dass die Angaben im Gutachten des Sachverständigen nicht der Wahrheit entsprechen, muss der Käufer die Möglichkeit haben, Ansprüche geltend zu machen, da er durch die Angaben im Gutachten getäuscht und geschädigt worden ist. Dieses war von vornherein zum Gebrauch gegenüber Dritten, hier dem Käufer, bestimmt. Folglich haftet der Sachverständige gegenüber dem Dritten, wenn dieser in den Schutzbereich des Vertrages einbezogen werden sollte und daher auf den Inhalt des Wertgutachtens vertrauen durfte.[376]

Am Beispiel der Berufshaftung für Rechtsanwälte, Sachverständige, Steuerberater und Wirtschaftsprüfer wird besonders deutlich, dass der Vertrag mit Schutzwirkung zugunsten Dritter dogmatisch an eine richterliche

---

371 BGHZ 133, 168, 170 ff.
372 BGHZ 133, 168, 172 a.E.
373 BGHZ 133, 168, 172; *Emmerich* in: MüKo BGB Bd. 2, § 311 Rn. 195 ff.; *Zugehör*, NJW 2000, 1601, 1601, 1603; *ders.*, NJW 2008, 1105, 1105 „Der Vertrag mit Schutzwirkung ist (…) ein Schwerpunkt der beruflichen Dritthaftung."
374 BGHZ 127, 378, 380; 128, 54, 62 f.; 133, 168, 172; *Jagmann* in: Staudinger, § 328 Rn. 88, 101 f.; *Gottwald* in: MüKo BGB Bd. 2, § 328 Rn. 237 ff.; *Westermann* in: Erman, § 328 Rn. 20 f.; *Zugehör*, NJW 2008, 1105, 1107.
375 Beispiel in Anlehnung an den Sachverhalt von BGHZ 127, 378.
376 BGHZ 127, 378, 380 f.; 138, 257, 260 f.; 159, 1, 4; BGH NJW 1998, 1059, 1060; NJW-RR 2002, 1528, 1528; *Gottwald* in: MüKo BGB Bd. 2, § 328 Rn. 237; *Stadler* in: Jauernig, § 328 Rn. 39.

Rechtsfortbildung grenzt. Denn das Bedürfnis nach einer Berufshaftung besteht nicht nur bei mehreren Angehörigen einer Berufsgruppe, sondern zusätzlich auch Berufsgruppen übergreifend.

Der Vertrag mit Schutzwirkung zugunsten Dritter stellt mithin keine Einzelfallproblematik dar. Vielmehr wird diese Konstellation wiederholt zu Problemen führen, wenn die Rechtsstellung Dritter nicht bedacht wird, ihnen gegenüber aber Verhaltens- und Leistungspflichten verletzt werden. Folglich besteht ein grundsätzliches Problem der Rechtsordnung, da der Gesetzgeber es versäumt hat, befriedigende Normen zu schaffen.[377] Es ist nicht auf die individuellen Interessen und den hypothetischen Willen der konkreten Parteien abzustellen, sondern eine objektive Wertung der Interessenlage vorzunehmen; die Erweiterung der Schutzpflichten auf Dritte muss mithin willensunabhängig sein.[378] Soziale Interessen sind einzubeziehen, ebenso Billigkeitsgrundsätze.[379]

Im Ergebnis zeigt sich ein kollektives Bedürfnis nach einer vertraglichen Ausdehnung der Schutzpflichten auf Dritte. Mithin wäre die Ergänzung des dispositiven Rechts um entsprechende Vorschriften für typische Fallkonstellationen eine ökonomische, sachgemäße Lösung. Diese richterliche Fortbildung des dispositiven Rechts ist der zweiten Ebene des Modells zuzuordnen.

III. Zwischenergebnis zum Mehr-Ebenen-Modell

Anhand der Analyse der ausgewählten Entscheidungen wird die Hypothese bestätigt, dass die ergänzende Vertragsauslegung in unterschiedlichen Ausprägungen mit verschieden weiten Anwendungsbereichen verwendet wird. Das Mehr-Ebenen-Modell ist geeignet, diese Ausprägungen anschaulich und komprimiert darzustellen. Die untersuchten Entscheidungen zeigen nur einen Ausschnitt der höchstrichterlichen Spruchpraxis. Es wird jedoch deutlich, dass den Urteilen vermehrt eine Rechtsfortbildungsfunktion zu

---

377 So bereits *Gernhuber*, FS Nikisch 1958, 249, 265; im Anschluss daran *Krebs* in: NK-BGB Bd. 2/1, § 311 Rn. 140.
378 *Gottwald* in: MüKo BGB Bd. 2, § 328 Rn. 166; *Looschelders* in: NK-BGB Bd. 1, § 157 Rn. 65; *Flume*, AT Bd. II, 1992, § 16 4f S. 331; *W. Lorenz*, JZ 1960, 108, 112; *Bayer*, JuS 1996, 473, 475 f.
379 *Gottwald* in: MüKo BGB Bd. 2, § 328 Rn. 166 f.; Vgl. *Larenz*, SchuldR AT I, 1987, § 17 II S. 227; *Kessler*, FS Wahl 1973, 81, 93; *Ebke*, JZ 1998, 991, 994.

entnehmen ist.[380] Mithin ergibt sich oftmals eine Zuordnung zu Ebene 2 des Modells. Das widerspricht der klassischen Funktion der ergänzenden Vertragsauslegung, die einzelfallorientiert sein soll.[381] Andererseits kann eine Erklärung darin liegen, dass der BGH Sachverhalte zu entscheiden hat, die für die Allgemeinheit von Belang sind. Klassische Einzelfallentscheidungen werden vermutlich schon vorinstanzlich erledigt. Doch ist diese Annahme nicht als gesichert anzusehen, da unterinstanzliche Gerichte gleichermaßen unter die Leitsätze des BGH subsumieren[382] und folglich auch hier keine Einzelfallentscheidung zu bejahen ist.

D. Ergänzende Vertragsauslegung als Gesetzeslückenausfüllung

Mit der vorangegangenen Untersuchung konform gehen die Ansichten, welche sich bereits in den 1960er-Jahren entwickelten und feststellten, dass sich hinter dem Begriff der ergänzenden Vertragsauslegung neben der Ergänzung des Vertrages die Ausfüllung von Gesetzeslücken verbirgt.[383] Bei der Lückenfüllung habe der Richter lediglich die eine Möglichkeit, die Lücke im Vertrag durch dispositives Recht zu schließen.[384] Für den Fall, dass das dispositive Gesetzesrecht ebenfalls eine Lücke aufweise, habe er dieses zunächst zu ergänzen.[385] Ähnliches vertritt eine weitere Ansicht[386], die äußert, ergänzende Auslegung sei in Wahrheit Gesetzesergänzung durch den Richter. Der Richter habe die Aufgabe, in Punkten zu denen weder eine vertragliche noch eine gesetzliche Regelung vorliegt, „Normen zu schaffen".[387] Weil die ergänzende Auslegung somit grundsätzlich eine Gesetzesergänzung

---

380 Vgl. allein 4. Teil C. II. 1. d., 2., 3., 5.
381 Vgl. u.a. 1. Teil; 3. Teil A. I., S. 5; 4. Teil B., S. 42.
382 Vgl. 4. Teil C. II. 1. d.
383 *Henckel*, AcP 159 (1960/61), 106, 122 f.; *Mangold*, NJW 1961, 2284, 2284.
384 So formuliert von *Larenz*, NJW 1963, 737, 737 in Bezug auf die von *Henckel*, AcP 159 (1960/61), 106, 122 f. vertretene Meinung.
385 So formuliert von *Larenz*, NJW 1963, 737, 737 in Bezug auf die von *Henckel*, AcP 159 (1960/61), 106, 122 f. vertretene Meinung.
386 *Mangold*, NJW 1961, 2284, 2284.
387 *Heck*, Grundriß des Schuldrechts, 1929/1958, § 4 3. S. 13 (§ 157 BGB „stellt dem Richter die Aufgabe, Normen zu schaffen."); *Mangold*, NJW 1961, 2284, 2284.

darstelle, könne die fehlende Norm lediglich durch Abwägung der Parteiinteressen auf Grundlage der gesetzlichen Interessenbewertung gefunden werden.[388]

Durch die Vorgehensweise, dass der Richter zunächst das lückenhafte dispositive Recht ergänzen soll bevor er mit dem durch die Ergänzung gewonnenen Gesetzesrecht die Lücke im Vertrag schließt, wird grundsätzlich lediglich eine weitere Ebene geschaffen. Entscheidend ist jedoch, dass diese Ansichten bereits vor mehr als 50 Jahren die über die Ergänzung konkreter Vertragslücken hinausgehende Bedeutung der ergänzenden Vertragsauslegung erfasst haben.

E. Dogmatische Einordnung

Aufgrund der Tatsache, dass die ergänzende Vertragsauslegung von der Gerichtspraxis in zwei unterschiedliche Richtungen praktiziert wird, ist eine einzelne dogmatische Erklärung des Instituts nicht möglich. Vielmehr sind zwei verschiedene dogmatische Begründungen notwendig.

Die ergänzende Vertragsauslegung im klassischen Sinne ist als Auslegung zu qualifizieren, da es ihr Ziel ist, jedem Rechtsgeschäft seinen individuellen Geltungssinn zu verleihen. Sie ist bei § 157 BGB anzusiedeln, auch wenn sich die ergänzende Vertragsauslegung nicht unmittelbar aus § 157 BGB ergibt, da dieser lediglich von der „Auslegung von Verträgen" spricht. In Anwendung des § 157 BGB ist eine ergänzende Regelung für „diesen"[389], konkreten Vertrag zu ermitteln.

Die von der Rechtsprechung unter dem Deckmantel der ergänzenden Vertragsauslegung durchgeführte verdeckte Rechtsfortbildung hat ebenfalls eine Ergänzung einer vorhandenen Regelungslücke zum Ziel. Hier wird mithilfe der Ergänzung jedoch quasi ein neues Regelungselement geschaffen[390], da faktisch eine Lücke des dispositiven Rechts geschlossen wird. Diese richterliche Rechtsfortbildung kann nicht mehr als Vertragsauslegung einzuordnen sein. Fraglich ist, unter welche Norm sie zu subsumieren ist. Denkbar erscheint sowohl § 157 als auch § 242 BGB.

---

388 BGHZ 7, 231, 235; 9, 221, 223; 19, 110, 112 f.; *Heck*, Grundriß des Schuldrechts, 1929/1958, § 4 3. S. 13; *Mangold*, NJW 1961, 2284, 2284.
389 Vgl. 3. Teil B., S. 10, Fn. 87.
390 In Anlehnung an *Ehricke*, RabelsZ 60 (1996), 661, 669; Vgl. 3. Teil B., S. 10.

Gelegentlich werden beide Vorschriften von der Rechtsprechung zusammen zitiert.[391] Ein Teil der Literatur ordnet die ergänzende Vertragsauslegung stets als eine auf § 242 BGB gestützte richterliche Rechtsfortbildung ein.[392] Diese kontinuierliche dogmatische Begründung ohne genauere Betrachtung der jeweils einschlägigen Ausprägung ist nicht haltbar. Ihr ist aber insofern zu folgen, als von der Rechtsprechung eine verdeckte Rechtsfortbildung praktiziert wird. Die Subsumtion unter § 242 BGB, eine Norm des Allgemeinen Schuldrechts, ist jedoch abzulehnen.[393] § 157 BGB hingegen wird dem Sinn dieser Rechtsfortbildung gerecht, auch wenn er lediglich von der Auslegung von Verträgen spricht. Denn bei einer richterlichen Rechtsfortbildung zur Ergänzung einer vorhandenen Regelungslücke sind die Konzepte von Treu und Glauben und insbesondere der Verkehrssitte ebenfalls zu berücksichtigen. Die Wertungsmaßstäbe der §§ 157, 242 BGB sind zwar identisch[394], jedoch regelt § 242 BGB das rechtliche Sollen (Bestimmung der Leistungspflicht des Schuldners), § 157 BGB das rechtliche Wollen der Beteiligten.[395] Wenn man die verdeckte Rechtsfortbildung schon unter eine vorhandene Norm des BGB subsumieren will, so ist die Anwendung des § 157 BGB naheliegender.

Anders als bei der ergänzenden Vertragsauslegung im klassischen Sinne ist jedoch nicht nach dem hypothetischen Parteiwillen der Vertragsparteien zu fragen, sondern nach dem mutmaßlichen Willen bzw. den Bedürfnissen des Kollektivs, welches eine ergänzende Regelung des dispositiven Rechts

---

391 BGHZ 25, 293; BGH BeckRS 1952, 31375035; OLG Karlsruhe NJW 1951, 444; NJW 1962, 807; OLG München 1976, 1096.
392 *Ehricke*, RabelsZ 60 (1996), 661, 669; *Mangold*, NJW 1961, 2284, 2286; vermittelnd *Henckel*, AcP 159 (1960/61), 109, 121 f. (sowohl § 157 BGB als auch § 242 BGB als Grundlage der ergänzenden Auslegung); differenzierend *Sandrock*, 1966, S. 44, 46 ff., 86 f.; Vgl. 3. Teil B., S. 11.
393 In Einklang mit *Krebs* in: NK-BGB Bd. 2/1, § 242 Rn. 7 f.; Vgl. auch *ders.*, Sonderverbindung und außerdeliktische Schutzpflichten, 2000, S. 251 ff.
394 *Mansel* in: Jauernig § 242 Rn. 12; Vgl. *Armbrüster* in: Erman, § 157 Rn. 15; *Sonnenberger*, 1969, S. 120 ff., 131, 167.
395 *Oertmann*, Rechtsordnung und Verkehrssitte, 1914, S. 314; *Busche* in: MüKo BGB Bd. 1, § 133 Rn. 19; *ders.* in: MüKo BGB Bd. 1, § 157 Rn. 37; *Wendtland* in: BeckOK BGB, § 157 Rn. 31; Vgl. aber auch Begründung von *Krebs* in: NK-BGB Bd. 2/1, § 242 Rn. 8.

benötigt, damit es Sachverhalte lösen kann, deren Entscheidung nicht auf vorhandene Normen gestützt werden kann.

Mithin ist die ergänzende Vertragsauslegung im klassischen Sinne, also die Ergänzung konkreter Vertragslücken, dogmatisch als Auslegung des Vertrages in Anwendung des § 157 BGB einzuordnen. Die unter dem Deckmantel der ergänzenden Vertragsauslegung durchgeführte verdeckte Rechtsfortbildung ist nicht mehr Auslegung des Vertrages, sondern richterliche Rechtsfortbildung.

Im Zusammenhang mit dem Begriff der ergänzenden Vertragsauslegung wird kritisch[396] angeführt, Vertragsauslegung und Vertragsergänzung als „ergänzende Vertragsauslegung" zu vermischen sei verfehlt und widerspreche sich. Denkbar ist eine Benennung der klassischen Funktion (Ergänzung konkreter Vertragslücken) als „Vertragsergänzung"[397], mithin einer Kombination, die präziser ist und den Konflikt von Auslegung und Ergänzung auflöst. Die verdeckte Rechtsfortbildung könnte hingegen als „Rechtsergänzung" oder als „Ergänzung des objektiven Rechts" bezeichnet werden.

F. Ergebnis zum 4. Teil

Zusammenfassend lassen sich einige Erkenntnisse bezüglich des dispositiven Rechts, des hypothetischen Parteiwillens sowie der Ausprägungen der ergänzenden Vertragsauslegung festhalten. Die Normen des dispositiven Rechts halten eine Ausfallposition bereit um die Parteien von der Vereinbarung vollständiger Verträge zu entbinden.[398] Das dispositive Recht genießt grundsätzlich Vorrang vor der Lückenfüllung im Wege einer ergänzenden Vertragsauslegung. Dieser Grundsatz umfasst jedoch Ausnahmen, die sich schlagwortartig unter dem Kriterium der „Typizität des Rechtsgeschäfts" zusammenfassen lassen.[399] Diese in der Literatur anzutreffende Formel

---

396 *Neuner*, FS Canaris 2007 Bd. I, 901, 918 („Erfordernis einer klaren Distinktion"); einschränkend *Canaris/Grigoleit*, Towards a European civil code, 2004, 445, 466, wonach eine klare Grenze nicht immer gezogen werden kann; Vgl. auch 3. Teil B., S. 9.
397 In Anlehnung an das Vertragsergänzungskonzept von *Stölting*, 2009, S. 180 ff.
398 Vgl. 4. Teil A. I.
399 Vgl. 4. Teil A. II. 2.

wurde vorliegend weiterentwickelt und um das Kriterium des Parteiwillens ergänzt.[400] Nachrangig gegenüber einer ergänzenden Vertragsauslegung ist das dispositive Recht hingegen in der Gestaltung der Rechtsbeziehungen unter Gesellschaftern.[401] Die Vertragsfreiheit genießt hier einen besonders hohen Stellenwert. Zudem ist das Gesetzesrecht in weiten Teilen nicht zeitgemäß.

Gelangt dispositives Recht nicht zur Anwendung, ist die Lücke im Vertrag entsprechend dem hypothetischen Parteiwillen zu ergänzen, welcher objektive und subjektive Kriterien umfasst und objektiv zudem durch die Konzepte von Treu und Glauben und der Verkehrssitte determiniert ist.[402] Überdies darf die ergänzende Vertragsauslegung nicht zu einem Ergebnis führen, das im Widerspruch zum tatsächlichen Willen steht.[403]

Die Untersuchung der Rechtsprechung zeigt kein einheitliches Bild hinsichtlich der Anwendung der ergänzenden Vertragsauslegung. Der eigentliche Zweck, Lücken rechtsgeschäftlicher Regelungen unter Anknüpfung an den im Rechtsgeschäft enthaltenen (individuellen) Regelungsplan zu schließen[404], wird nicht konsequent verfolgt. Die Rechtsprechung führt unter dem Deckmantel der ergänzenden Vertragsauslegung oftmals eine verdeckte Rechtsfortbildung durch.[405] Die Ausfüllung rechtsgeschäftlicher Lücken im Wege der ergänzenden Vertragsauslegung erfolgt dann nicht für den konkreten Einzelfall, sondern die Rechtsprechung bildet über das Instrument der ergänzenden Vertragsauslegung letztlich das objektive Recht fort. Sie versucht auf diese Weise Probleme bzw. Lücken der Rechtordnung zu beseitigen. Ein dieses Ergebnis stützender Auszug, der darüber hinaus zeigt, dass die Thematik auch auf europäischer Ebene von Belang ist, lautet wie folgt:

---

400 Vgl. 4. Teil A. II. 5.
401 Vgl. 4. Teil A. II. 3.
402 Vgl. 4. Teil B.
403 Vgl. 4. Teil B.
404 Vgl. z.B. 3. Teil A. I.
405 Vgl. 4. Teil C. II. 1. d., 2., 3., 5.

„Das explosive Gemisch aus Bedingungskonstruktion und ergänzender Vertragsauslegung spielt jahrhundertelang weit über das Schicksal einzelner Fälle hinaus für die Fortbildung des gesamten europäischen Vertragsrechts eine zentrale Rolle."[406]

Mithin ist auch eine einzelne dogmatische Einordnung des Instituts nicht möglich, so dass zwei unterschiedliche dogmatische Begründungen erarbeitet wurden.[407]

---

406 *Vogenauer* in: HKK, §§ 133, 157 Rn. 90; *Zimmermann*, AcP 193 (1993), 121, 153, 168.
407 Vgl. 4. Teil E.

5. Teil: Schlussteil

Abschließend sollen die zentralen, erarbeiteten Erkenntnisse der vorliegenden Arbeit anhand von Thesen zusammengefasst werden:

1. Der Begriff „ergänzende Vertragsauslegung" wurde im deutschen Recht nach gegenwärtigem Stand erstmals in einer Entscheidung des BGH vom 22.04.1953 formuliert.[408]
2. Die dogmatische Einordung der ergänzenden Vertragsauslegung ist innerhalb der Literatur bisher höchst umstritten. Vereinzelt wird das Instrument gänzlich abgelehnt oder, wenn es anerkannt wird, dann nicht als Vertragsauslegung, sondern als (Vertrags-)Rechtsfortbildung.[409]
3. Voraussetzung für eine Lückenfüllung im Wege der ergänzenden Vertragsauslegung ist das Vorliegen eines wirksamen Vertrags, der eine Regelungslücke enthält, welche sich als ausfüllungsbedürftig erwiesen hat. Zudem hat die vorrangige eigentliche Auslegung zu keinem befriedigenden Ergebnis geführt und es ergibt sich auch kein Vorrang des dispositiven Rechts.[410]
4. Der maßgebliche Zeitpunkt, auf den für eine Lückenschließung abzustellen ist (Verhältnisse zur Zeit des Vertragsschlusses oder Verhältnisse zum Zeitpunkt der Auslegung), kann nicht pauschal bestimmt werden. Aus diesem Grund wurde ein Modell entwickelt, welches mehrere Stufen beinhaltet und somit der schrittweisen Entscheidung darüber dient, ob die ergänzende Vertragsauslegung ex tunc oder ex nunc vorzunehmen ist.[411]
5. Die Funktion des dispositiven Rechts besteht darin, die Parteien von der Vereinbarung vollständiger Verträge zu entbinden, da es eine Ausfallposition bereithält.[412]

---

408 Vgl. 2. Teil, S. 4.
409 Vgl. 3. Teil B.
410 Vgl. 3. Teil C.
411 Vgl. 3. Teil C. II. 4. a., Modell S. 17.
412 Vgl. 4. Teil A. I.

6. In der Literatur wird für die Anwendbarkeit des dispositiven Rechts die Formel der Typizität des Rechtsgeschäfts vertreten[413]. Diese wurde vorliegend weiterentwickelt und umfasst fortan zwei Dimensionen. Die erste Dimension beschreibt die Nähe zum Gesetz, die zweite, darauf aufbauende, die Ausprägung des Parteiwillens.[414]
7. Die ergänzende Vertragsauslegung ist auf die Herbeiführung eines angemessenen Interessenausgleichs gerichtet. Die geltungserhaltende Reduktion führt hingegen zu einem Ergebnis, dass den rechtlichen Anforderungen gerade noch entspricht. Folglich unterscheiden sich beide Instrumente in ihrer Methodik, so dass eine Abgrenzung erforderlich ist.[415]
8. Die ergänzende Vertragsauslegung ist vorrangig gegenüber dem Fehlen bzw. Wegfall der Geschäftsgrundlage und beinhaltet überdies keine Risikoverteilung wie § 313 BGB für die Geschäftsgrundlagenlehre. Gemäß § 313 Abs. 1 BGB hat derjenige das Risiko zu tragen, der die Anpassung verlangt. Im Rahmen des § 157 BGB existiert eine solche Regelung nicht.[416]
9. Die Definition des hypothetischen Parteiwillens der Rechtsprechung[417] liefert drei, bei einer ergänzenden Vertragsauslegung zu berücksichtigende Faktoren: Vertragszweck und Vertragsinhalt als objektive Kriterien sowie die Parteiinteressen als subjektives Kriterium.[418]
10. Die Hypothese[419], dass die ergänzende Vertragsauslegung von der Rechtsprechung in unterschiedlichen Ausprägungen verwendet wird, die sich auch in der Reichweite ihres Anwendungsbereichs unterscheiden, wurde durch ein entwickeltes Mehr-Ebenen Modell der ergänzenden Vertragsauslegung beschrieben.[420] Im Zuge der Rechtsprechungsanalyse

---

413 Vgl. 3. Teil C. II. 2.
414 Vgl. 4. Teil C. II. 5.
415 Vgl. 4. Teil A. II. 3. a., S. 32.
416 Vgl. 4. Teil A. II. 3. b. cc., S. 37.
417 Vgl. 4. Teil B.
418 Vgl. 4. Teil B., S. 42.
419 Vgl. 4. Teil C., S. 44.
420 Vgl. 4. Teil C. I.; illustriertes Modell Vgl. 4. Teil C. I. 4.

zur Prüfung des entwickelten Modells bestätigte sich die getroffene Annahme.[421]
11. Deutlich wird, dass ein Überhang jener Entscheidungen existiert, in denen die Gerichte unter dem Deckmantel der ergänzenden Vertragsauslegung eine verdeckte Rechtsfortbildung durchführen.[422]
12. Eine einzige dogmatische Einordnung der ergänzenden Vertragsauslegung ist mithin nicht möglich. Die ergänzende Vertragsauslegung im klassischen Sinne ist bei § 157 BGB einzuordnen und als Auslegung zu qualifizieren, da es ihr Ziel ist, jedem Rechtsgeschäft seinen individuellen Geltungssinn zu verleihen. Die darüber hinausgehende „ergänzende Vertragsauslegung", die vielmehr Lücken des objektiven Rechts zu füllen versucht, ist dogmatisch als richterliche Rechtsfortbildung einzuordnen.[423]
13. Zur Präzisierung der verwendeten Begriffe kann die Ergänzung konkreter Vertragslücken als „Vertragsergänzung" bezeichnet werden, die verdeckte Rechtsfortbildung als „Rechtsergänzung" oder „Ergänzung des objektiven Rechts".[424]

---

421 Vgl. 4. Teil C. II., III.
422 Vgl. 4. Teil C. II. 1. d., 2., 3., 5., III.
423 Vgl. 4. Teil E.
424 Vgl. 4. Teil E., S. 62.

www.ingramcontent.com/pod-product-compliance
Ingram Content Group UK Ltd.
Pitfield, Milton Keynes, MK11 3LW, UK
UKHW021837210426
5322IPUK00021B/329